50代からの
「良い間取り」「悪い間取り」

住宅デザイナー
タブチ キヨシ

PHP

はじめに

こんにちは。住宅デザイナーのタブチキヨシです。

みなさん、間取りを見るのは好きですか？　僕は、間取りを「つくる」のが大好きです。

「住む人をハッピーにする間取り」を、四六時中考えています。

そう、間取りは人を幸せにするもの。逆に言うと、ダメな間取りの家にいるとアンハッピーになってしまうんですね。

みなさんの家の間取りは、快適ですか？　家にいる時間は好きですか？

家事は楽チンですか？　暑かったり寒かったりしませんか？

そして、「長く住んだがゆえ」の悩みはありませんか？　若いころと違って使い勝手が悪いとか、かつての子ども部屋が物置き状態になっているとか、単純に「この間取り、飽きた！」とか。


実はこの本、そんな「暮らしの変わり目」にいるみなさんに向けて書いたものです。

50代以降は、子育てなどが一段落して、「私」に戻れる時期ではないでしょうか。

そんな「私」は、何がしたいでしょう？　ウキウキ、アハハ、ドキドキ、ムフフとなれること、思い描いてみてください。

……描けましたか？

その願い、叶いています。間取りを変えたら、実現します。

この本で紹介するのは、そんな36のアイデア。

「こうすればよかったのね！」

「えっ、こんなことできるの？」

「キャー、これやりたい！」

そんなビックリが、たくさん詰まっています。

さあご一緒に、ワクワクする間取りの旅へ！

50代からの「良い間取り」「悪い間取り」

もくじ

家の中のハッピーな仕掛け、大公開！

間取りのお話に入る前に、僕が手掛けたお宅の一部を紹介しましょう。僕の家づくりのコンセプト、「ハッピー」のモトがどんなふうに仕掛けられているのか――思う存分、探ってみてくださいね。

天井に段差を！

光がふんだんに入るリビング。ナチュラルテイストをベースに、要所で黒を効かせたインテリアが印象的。天井にはわずかに段差をつけて「空間造作」を。ただの平面にはないニュアンスが加わった、特別な空間に。

ダイニングとリビングを一緒にするとハッピー！

ダイニングとリビングをあえて分けない暮らし方が、近ごろ人気上昇中。ソファとダイニングテーブルの組み合わせは、「ご飯こそがくつろぎのひととき」という人におすすめの配置。部屋の広がりも存分に感じられます。

リビングルーム

光あふれ、風が通るくつろぎの空間

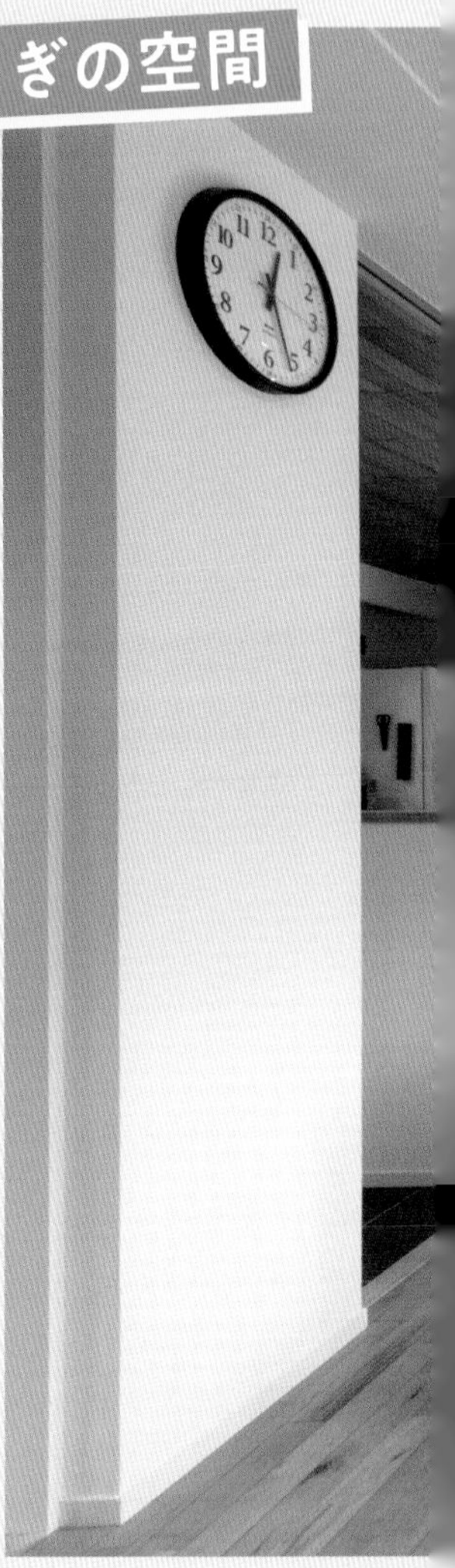

趣味のスペースを確保!

ハッピーに不可欠な要素、それは「好きなことを、好きなだけできる」こと。窓辺のカウンターでは、趣味や手作業に没頭できます。自分だけの楽しみを満喫できる場として、「ウヒヒカウンター」と命名!

インテリアの配色と幾何学模様に注目!

部屋を彩るソファの青色、ラグの幾何学模様。遊び心のあるインテリアに加え、空間造作も部屋を楽しく演出します。五角形の入口と、壁紙にも注目。白とベージュの貼り分けが、ゆるやかにエリアを区切っています。

ダイニングルーム

毎日の食事の場を、おしゃれに演出

おしゃれな垂れ壁！

ダイニングとキッチンを区切る、タイル張りの「垂れ壁」。一段下がった壁があると、空間に「ほっこり感」が生まれます。ダイニングから見える風景全体が、おしゃれなカフェ風に。

まるで異空間！

シックな色合いのダイニング。パントリーへと通じる入口はアーチ形になっていて、クールなトーンに柔らかさをプラス。出入りするたび、異空間と行き来しているかのようなウキウキ感を味わえそう。

ダイニングをオトナかわいく!

古いレンガ、色違いの天井と壁。空間造作の工夫でこんなに「オトナかわいい」ダイニングができるのです。ライティングレールには照明のほか、ドライフラワーなどを吊るしても素敵。

光と影の調和が大切!

全開口の窓からダイニングへ射し込む陽光。天井のデザインが光と影の絶妙なバランスをつくりだします。リビングとダイニングをゆるやかに分ける四角い段差、キッチンとの境目にも高さに差を設けて印象的に。

作業効率だけでなく、潤いもプラス

キッチン

窓のあるキッチン！

キッチンに窓があったら素敵、と思いませんか？　その窓から緑が見えて、さらには家の中にも緑があれば、もっと素敵。ハーブや野菜のキットを買って窓辺で育て、収穫して食卓へ――舌も、心もハッピーになれそう！

ゾーニング収納！

「ここは○○に使う場所」というふうに、空間ごとに役割を決めることを「ゾーニング」といいます。「○○を置く場所」を決めてつくったゾーニング収納キッチンは、すべてが定位置に収まり、見た目も機能性も◎。

見た目だけじゃない！
効率性も大切！

「隠す収納／見せる収納」の使い分けは、「隠したい・見せたい」だけでなく、効率性も大事。使う頻度の高いものは見える場所に置き、扉の開閉の手間をカット。デザインの素敵な棚や容器を、おおいに活躍させて。

洗濯洗面室

洗濯が楽しくなる、広さと動線の大改革

「洗面室」をぐっと広げて家事を楽チンに！

便利さの決め手は、「広さと収納」にあり。お風呂グッズ、洗濯グッズ、お掃除グッズ、タオル……とさまざまな日用品がすべて一室に収まる広さがあれば、あちこちにモノを取りに行く手間もゼロに。

ここに窓がほしかった！

湿気のたまる洗濯洗面室にこそ「窓があればいいのに」と思いませんか？　棚上の細いゾーンに設けた窓は、家の中が見える心配もなく、明るい光が入り、風通しも満点。リモコンで開閉できる電動式のタイプもあります。

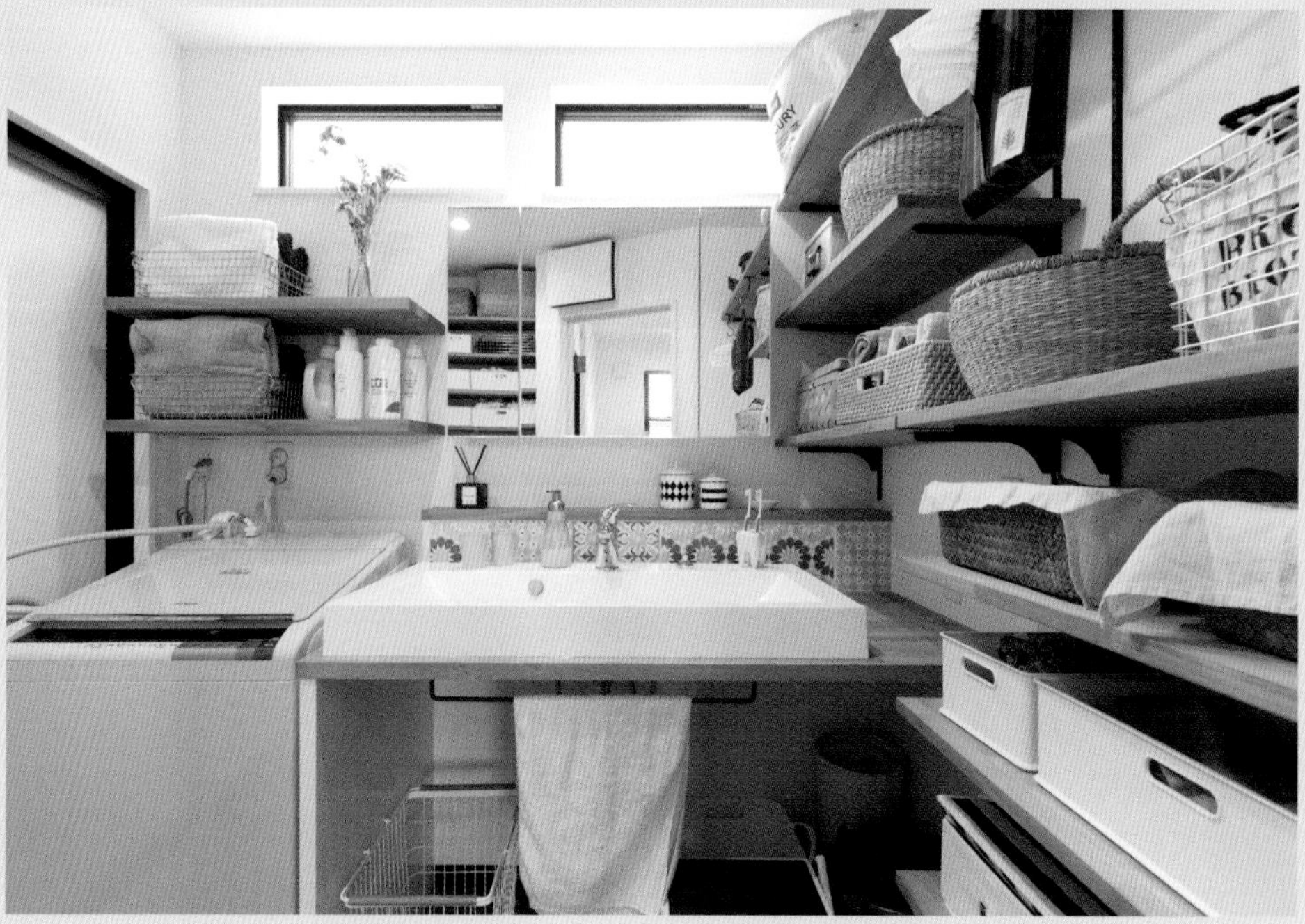

洗濯が楽しくなる!

洗濯洗面室と一体型のサンルーム。洗濯機を使う→干す→取り込む→畳んで収納、という一連の流れが、この室内で完結します。日光がふんだんに入る上に、広さも十分。開放感あふれる空間でのびのび作業できます。

物干しユニット、知ってる?

室内干しの強い味方、高さの変わる物干しユニット。干すときは竿を手元まで下ろしてラクラク作業、干し終われば天井近くに上げられるので邪魔にもなりません。使わないときは天井の中にスッポリ収納できます。

「家の顔」こそおしゃれに、便利に　玄関・収納

おしゃれ&楽チン！

靴を出すときの下駄箱の開け閉めが面倒なら、こんな「見える収納」はいかが？　おしゃれな上に、ワンアクション減ってお出かけもスムーズに。棚は可動式で、棚板の増減も自在にできます。

完全に隠すのもイイ！

「靴はやっぱり見えないほうが……」「靴以外にもいろいろなモノがあるし……」という人には、扉つきの玄関クローゼットで「隠す収納」がおすすめ。スッキリした空間に、温かみのあるカゴやタペストリーを飾って。

玄関クロークは超便利！

容量たっぷりの玄関クローク。靴や傘やお掃除用品はもちろん、スキーやゴルフや釣りグッズなども、すべて収納できます。扉をつけて目隠しするのも良いですが、自転車などを入れる場合は、扉ナシのほうが便利。

階段下を大活用！

アーチ型がかわいい階段下収納。引き戸を右にスライドさせれば階段部分が閉じる仕掛けで、上階から冷気が降りてくる冬場の寒暖調整にも活躍。天井にレールを吊る方式の引き戸はリーズナブルで、設置も簡単です。

自転車を見せたい人！

自転車を壁に掛けた、ダイナミックな「見せる収納」。玄関という「家の顔」で、住む人のライフスタイルが垣間見える演出です。自転車と向き合う壁には窓があるので、リビングからも自転車が見られます。

その他

ほかにもいろいろ、ハッピーな仕掛けが!

室内にも窓を!

窓はふつう、屋外と屋内の間にあるものですね。このように部屋と部屋との間の壁に開ける窓のことを「室内窓」といいます。奥まったスペースや北向きの部屋にも光が入り、換気もできて、何よりおしゃれ!

家族とつながる窓!

隣の部屋の様子がわかるのも、室内窓の良いところ。家族それぞれ自分の時間を過ごす暮らしの中で、ゆるやかなつながり感を保てます。カーテンやすりガラスなどを活用すれば、「プライベート度」も自在に調整可能。

「私らしさ」って重要!

この本の間取りはいずれも、収納力は折り紙つき。一方、家具を買ったほうが良い場面も。たとえば食器棚はつくりつけより、家具屋さんで購入したほうが断然おしゃれ。インテリアの随所に、「私らしさ」を反映させて。

照明にこだわる!

3つ並んだ配置がキュートなブラケットライト(壁照明)。照明は、器具そのもののデザインと、「光のデザイン」の両面で楽しめます。メイン照明と併用して明るく照らすのも良いですし、単独で使っても雰囲気満点。

テレビはこうしちゃう!

「家族みんなでテレビを見る」時代から、「1人ひとりがスマホで楽しむ」時代になった今、テレビまわりをシンプルにするのも1つの選択。天井から吊る方式なら場所をとらず、リビングの開放感を存分に感じられます。

モルタル風カウンターがおすすめ!

現在大人気の、塗材仕上げのカウンター。モルタル風のハードなカッコ良さはもちろん、コンクリートより強く防水性も◎。見た目も実用面も優秀な最新素材、いち早く導入してみては?

自分の居心地の良さを見つけよう

居心地の良い家には必ず、自分だけの時間を過ごせる場所があります。何かに熱中したり、はたまたボーッとしたり。そんな場所には、使う人にとっての「特別な何か」があるもの。あなたにとって、それは何でしょうか。お気に入りの家具？　素敵な壁紙？　それとも「隠れ家感」を味わえるコンパクトさでしょうか。そんな「特別」の条件を見つけ出しましょう。それはきっと、あなたの暮らしに幸せのモトを、たくさん運んでくれるはず。

徹底比較！

ストレスを感じる悪い間取りと悩みを解決する良い間取り

「住み慣れた家だけれど、何かと不便」「原因はわからないけれど、居心地がイマイチ」「わけもなく、毎日が退屈」……

その悩み、間取りを変えれば解決します！

36の事例で、ハッピーな暮らしのヒントを見つけましょう。

間取り図の見方

この本の間取り図はとってもシンプル！　玄関から入って、頭の中で生活を楽しんでみてください。

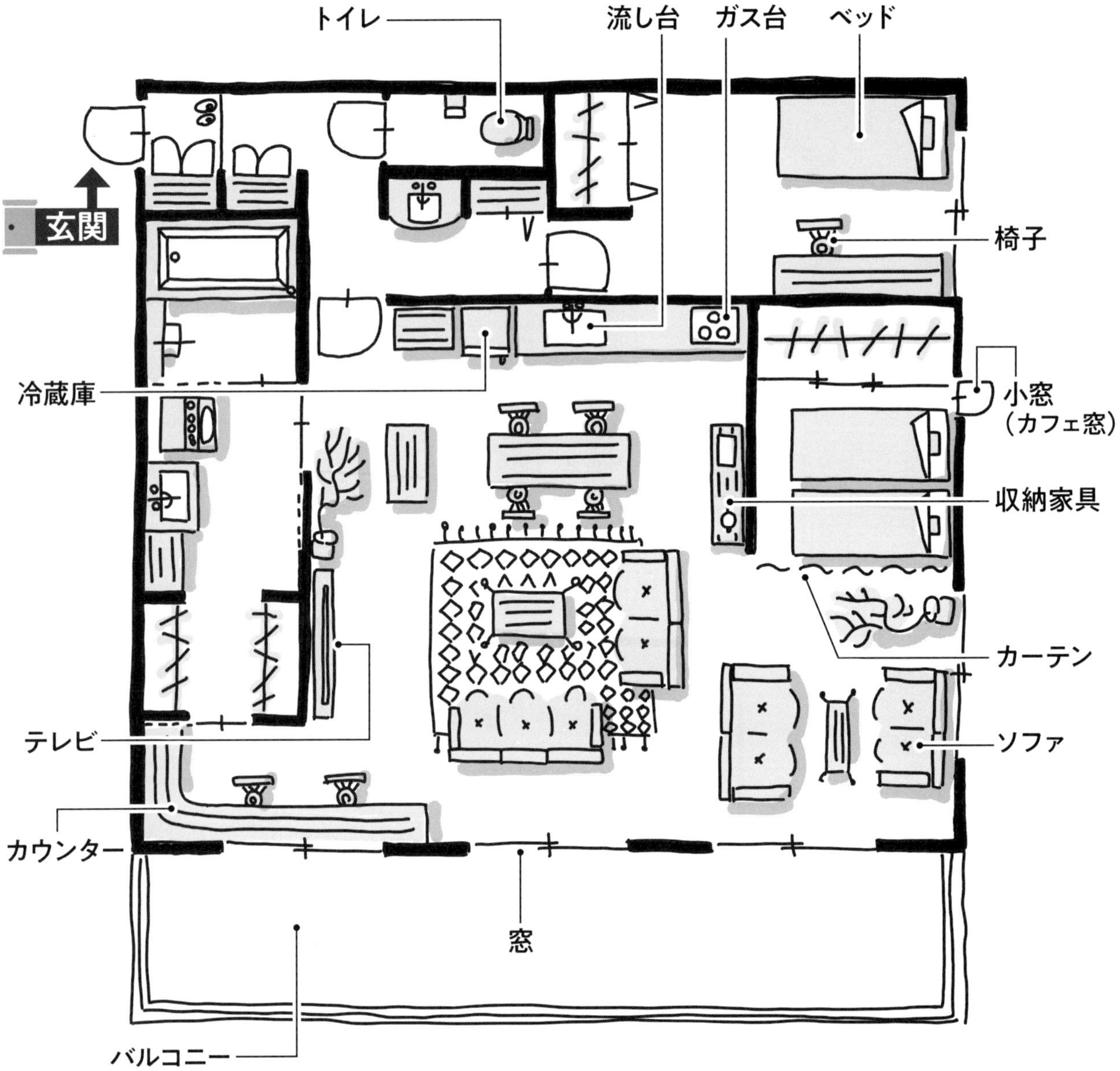

ここに注目！

マンションもリフォーム自在

マンションの事例では、窓と水まわりの位置は原則的に変えていませんが、**壁の位置を変更してガラリと間取りを変える例**が多く出てきます。マンションは、四隅の柱以外は自在に変えられることがほとんどなのです。水まわりも、工夫によってはリフォーム可能。キッチンを一段上げて、その下に配管を通すことで、キッチンの位置を動かすことができます。

36例すべて、実際にリフォーム可能

この本では、「悪い間取り」と「良い間取り」が並ぶ**36のケース**をご紹介していますが、左右２つは「**同じ家**」です。どの間取りもきちんと設計した上で描かれているので、すべて実際にリフォームできます。

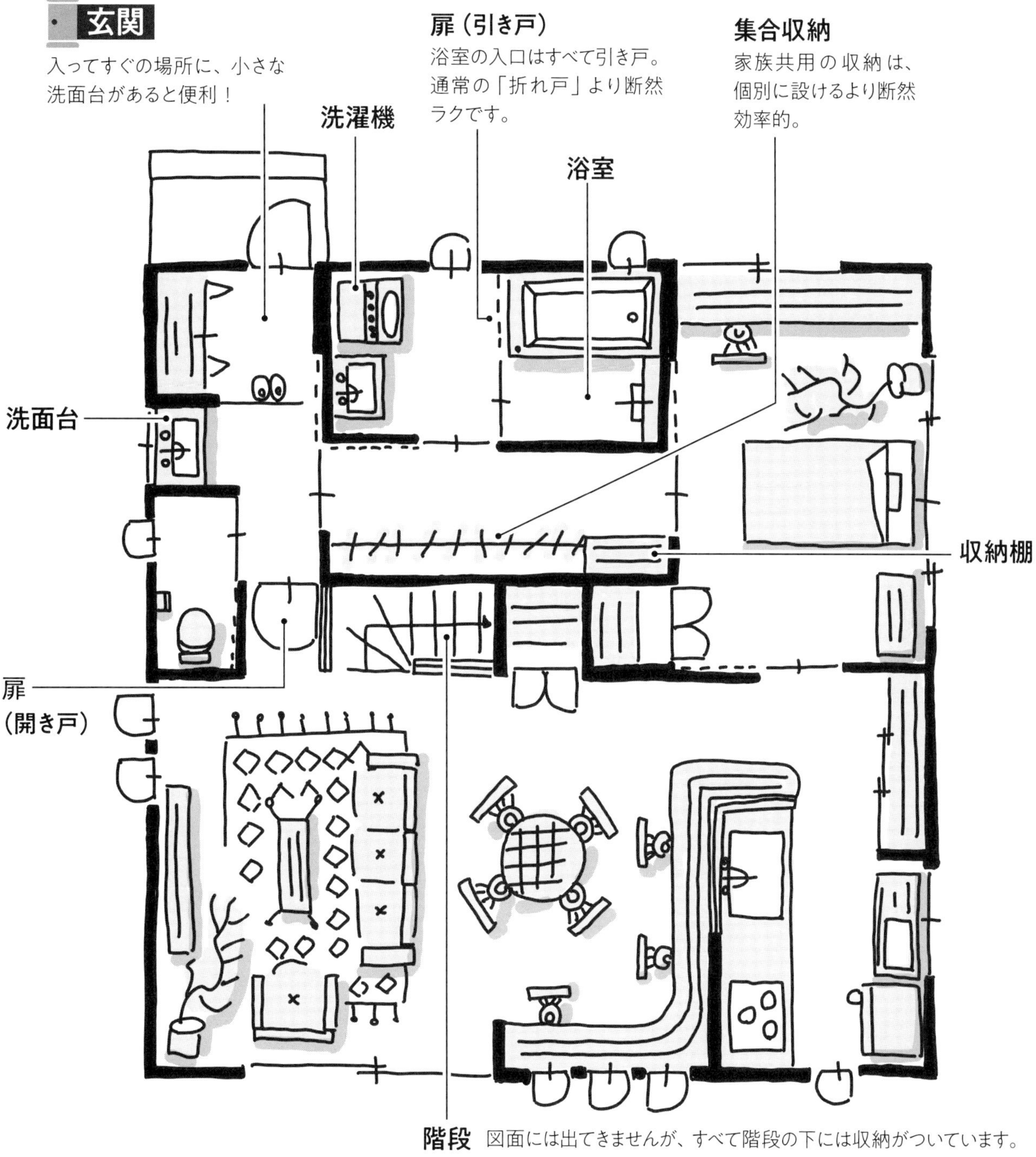

玄関
入ってすぐの場所に、小さな洗面台があると便利！
洗濯機
扉（引き戸）
浴室の入口はすべて引き戸。通常の「折れ戸」より断然ラクです。
浴室
集合収納
家族共用の収納は、個別に設けるより断然効率的。
洗面台
収納棚
扉
（開き戸）
階段　図面には出てきませんが、すべて階段の下には収納がついています。

洗濯洗面室は3畳で広々、家事がとってもラクに

洗濯機と洗面台のある部屋＝「**洗濯洗面室**」は、たいていの家では２畳ですが、この本では**原則３畳**設けました。脱衣室や、大容量収納との直結型の間取りも多数ご紹介します。この広さと収納があれば、**家事のしやすさ**が飛躍的に上がります。

引き戸でも「耐震性」をキープするワザ

通常の引き戸は、壁を薄くしてそこに扉を収めるため、耐震性が気になる人もいるかもしれません。その場合は「**アウトセット引き戸**」にすると安心。壁の外側に扉をつけるこのタイプは、**壁を壊す手間もいらない**のでおすすめです。

ケース 01
廊下が長すぎる！

南側の明るい光が照らすのは、「長〜い廊下」だけ!?　洗面室が遠く、LDKはさらにその奥。そんな脇役に甘んじていたLDKを真ん中に移し、動線を徹底整理。玄関まわりの収納、広い洗濯洗面室にも注目！

悪い間取り　廊下だけが明るく、リビングの開口部は狭い

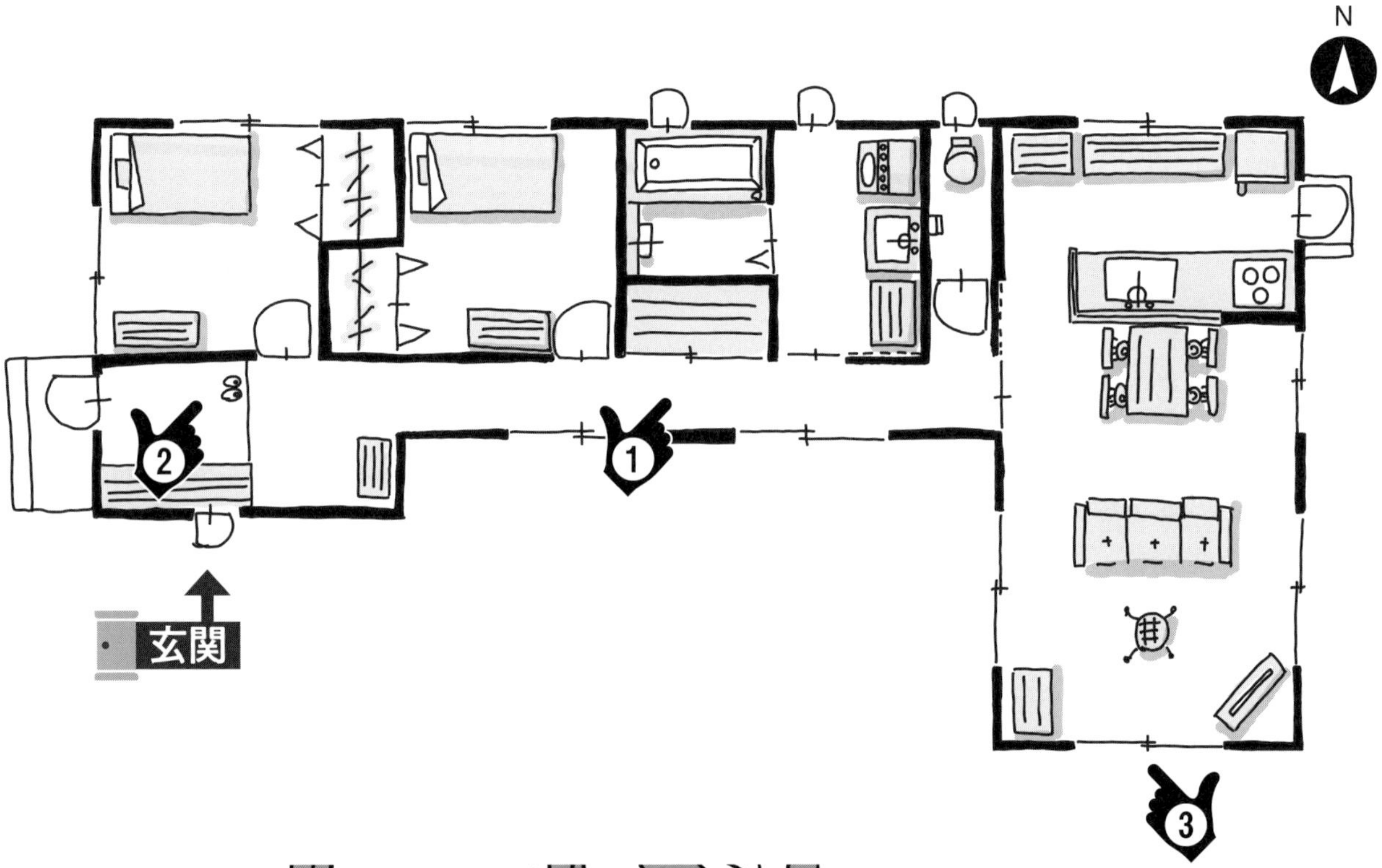
N
1
2
3
玄関

家の中で一番明るいのが廊下って……どうなんだろうか

全部屋の位置を変えて陽光あふれるリビングに

ハッピーな間取りの第一条件は、「明るい光とさわやかな風」。ところがこのお宅、いちばん大きい開口部が「**廊下①**」にあり、明るさもさわやかさも廊下が独り占めしています。

次いで、第二条件は「スムーズな動線」。しかしやっぱり廊下のせいで、**玄関②**を入って洗面台までの距離が長く、**リビング③**までの距離はさらに長く、不便なことこの上なし。

そこで、すべての部屋の位置をチェンジ！　玄関には**広い収納④**と、帰ってすぐに手を洗える**プチ洗面台⑤**を配置。そして**リビング⑥**は中央へ。廊下はもちろん消滅！

奥の個室とトイレにもお楽しみが。窓から**小さな中庭⑦**が見える仕掛けで、プライベートタイムにちょっとした潤いをプラス。

良い間取り　スムーズな動線で、広々と明るいリビングへ

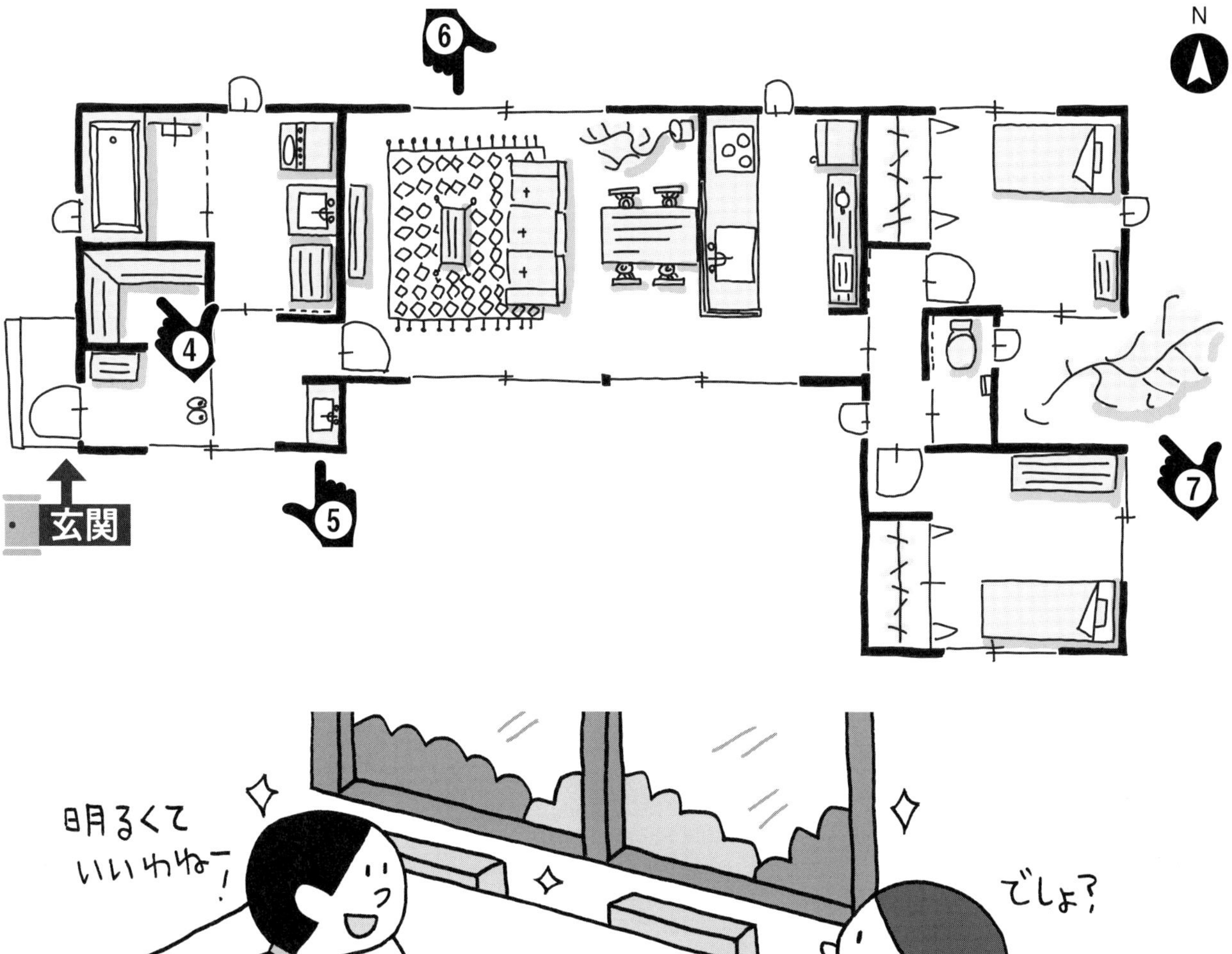

ケース 02
庭を楽しめない

この家の「メインの庭」は北側。光が当たらず、そもそも室内から庭が見られる窓はキッチンにしかありません。家の中にいながら、明るい庭を楽しむにはどうしたら……？　一石二鳥の解決策がありました。

悪い間取り　リビングにいても外の景色を楽しめない

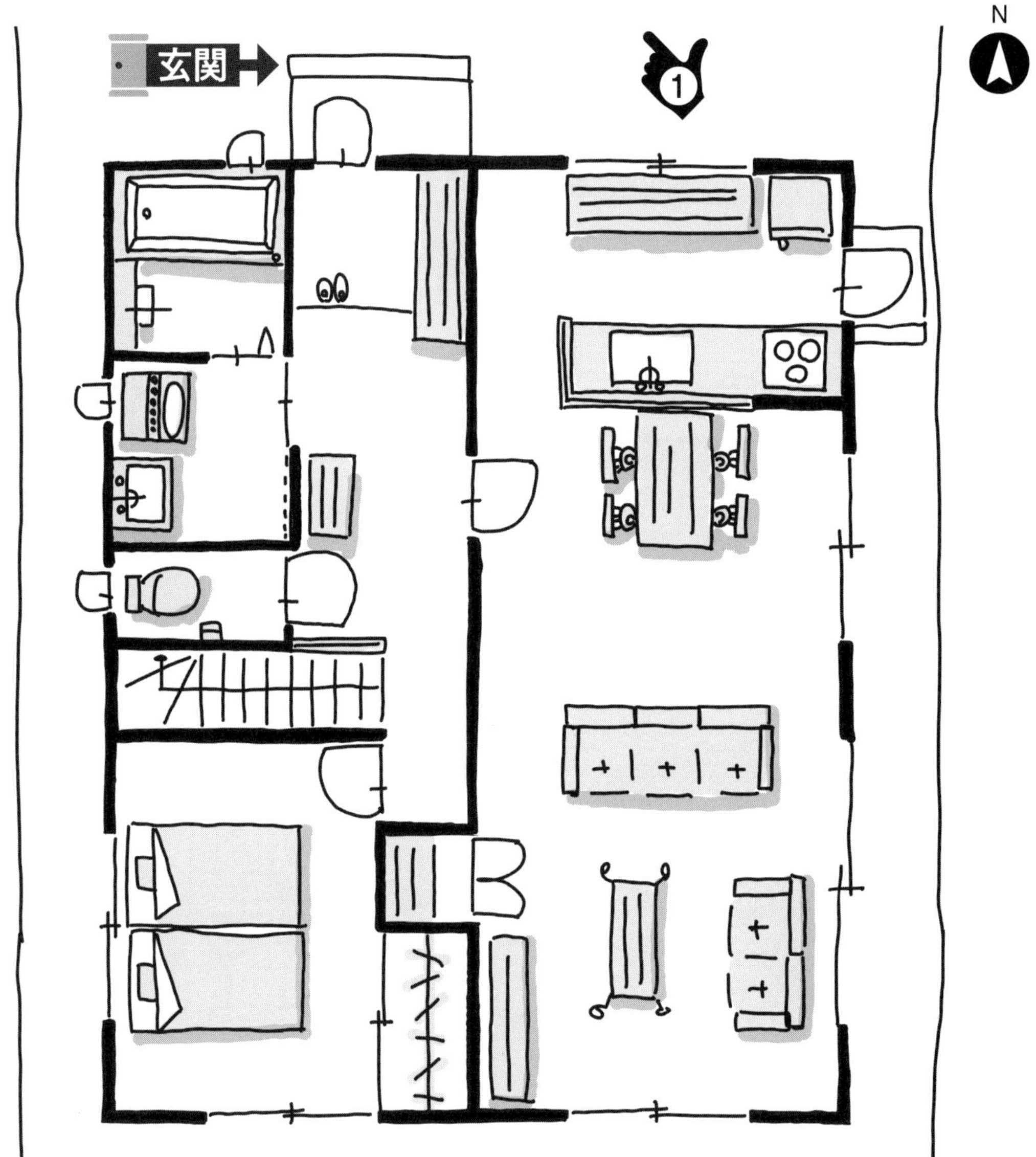

中庭によって生まれた「新時代のLDK」

「悪い間取り」の**庭は北側①**。間取りには描かれていません。庭は、外を通る人以上に「家にいる人」が楽しむべきもの。ならば見える場所に、新しく庭をつくりましょう！

南側の中庭②と**東側の中庭③**をいろいろな方向から眺められて、飽きのこない風景を楽しめます。

中庭ができたことで、LDKも大変貌。庭をのぞむ**カウンター④**は、コーヒーを飲んだり、手芸やお勉強をしたりと使い方自由。そんな「自分時間」を過ごすスペースがあること、これが「ハッピーな間取り」の第三条件です。家族の気配の中でリラックスしながら、1人の楽しみも味わえます。また、トイレの存在感をできるだけ消すために、トイレのドアを二重にしてみました。

良い間取り　眺めの良い中庭と「自分空間」が誕生

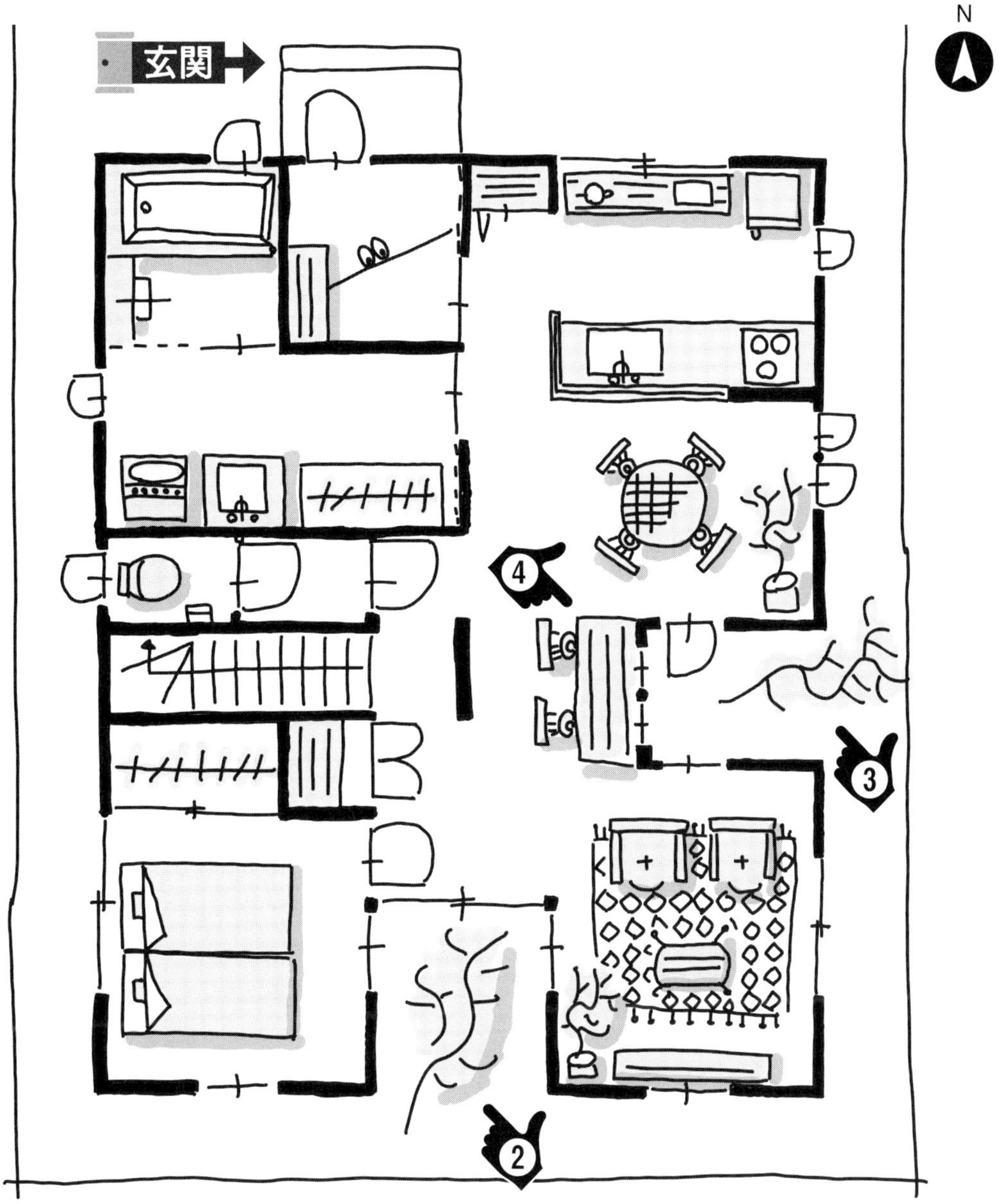

ケース 03
居間が暗い

南北に長く、南側の光が入りにくいＬＤＫ。そこでタテヨコを逆にして光をとり、西側にあった浴室と洗面室を北へ、北側にあった寝室を北東へ動かすと……なんと！　驚異的に便利な収納が誕生しました！

悪い間取り　光がＬＤＫの奥に届かない

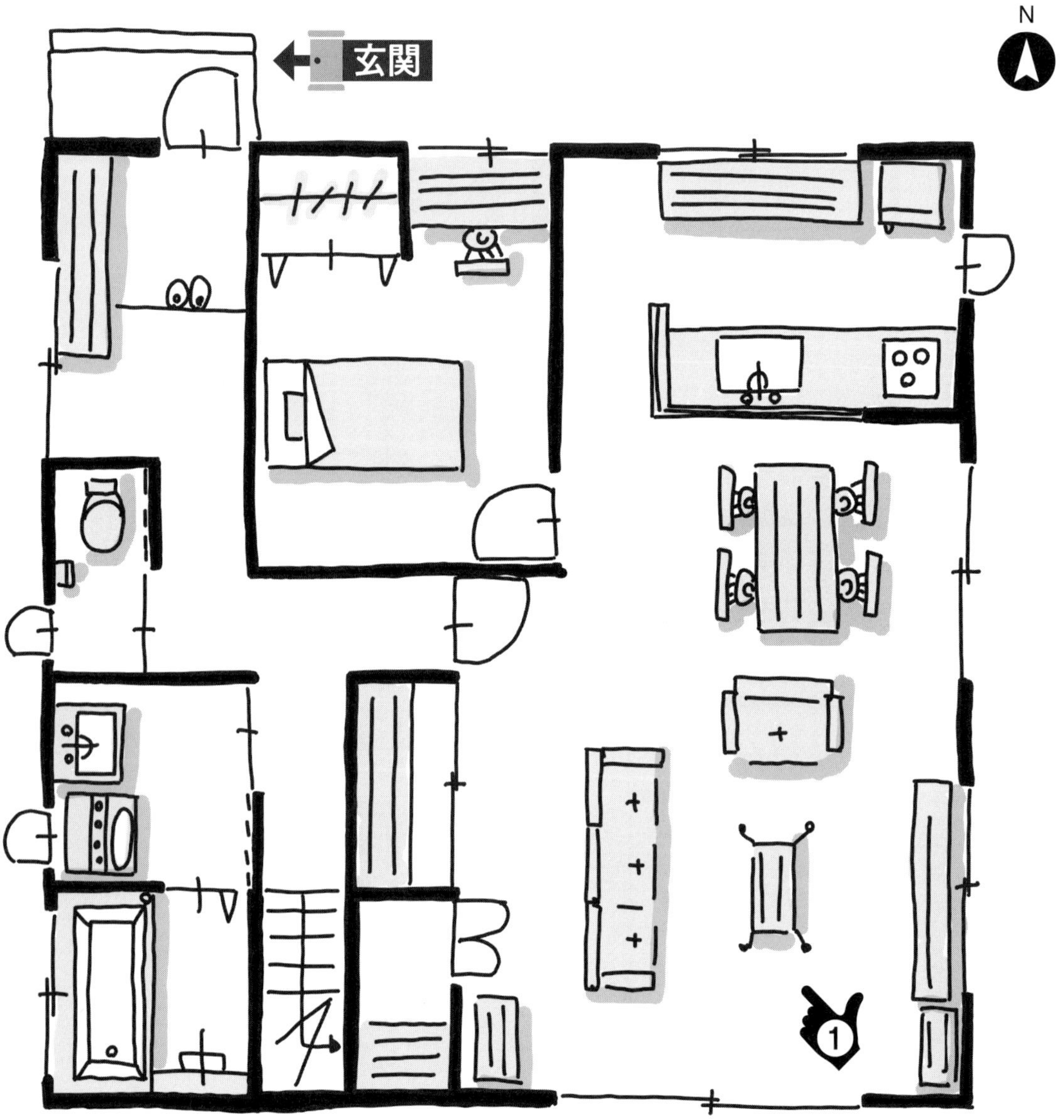

改善の副産物!? 超優秀な「回遊動線」

南北方向に長く、光が届かない**リビング①**の向きを変え、南側の壁に**メインの窓②**と「**カフェ窓③**」を造設。曲線を描く**カウンター④**は、並んでおしゃべりしたり、1人で何かに没頭したりできるハッピーな空間です。

さて、このリビング問題の解決により、思わぬ副産物が誕生。北側に移した浴室と洗面室の前にできたのは、「**廊下兼クローゼット⑤**」。

ここは、家族全員用の「集合収納」。玄関から入ってコートを掛けたり、洗面室から入って洗濯後のワイシャツを収納したり、寝室から入ってその日の服を選んだり……そう、どこからでも入れる超便利スペース。LDK→寝室→洗濯洗面室→玄関と、回遊しながらスイスイ家事、スイスイ身支度！

良い間取り　南側の「カフェ窓」で光サンサン

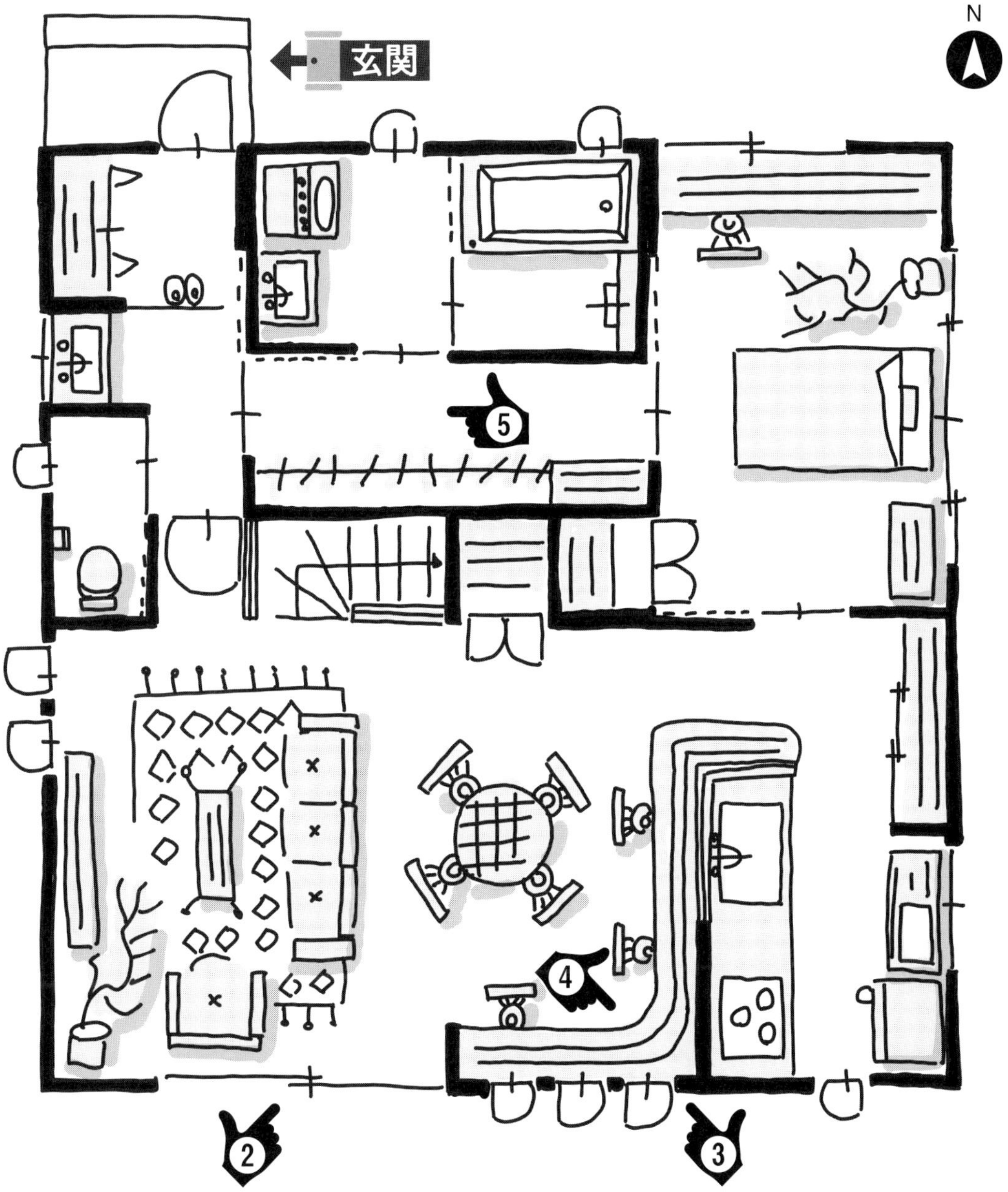

ケース **04**

リビング、キッチンが暗い！

広い和室と縁側は風情があっていいけれど……キッチンやリビングに全然光が入ってこないのが問題。そこで、生活の中心が南側にくる間取りへと大改造。中庭が再び登場、光のマジックを起こします！

悪い間取り　よく使う部屋が、全部北寄りに

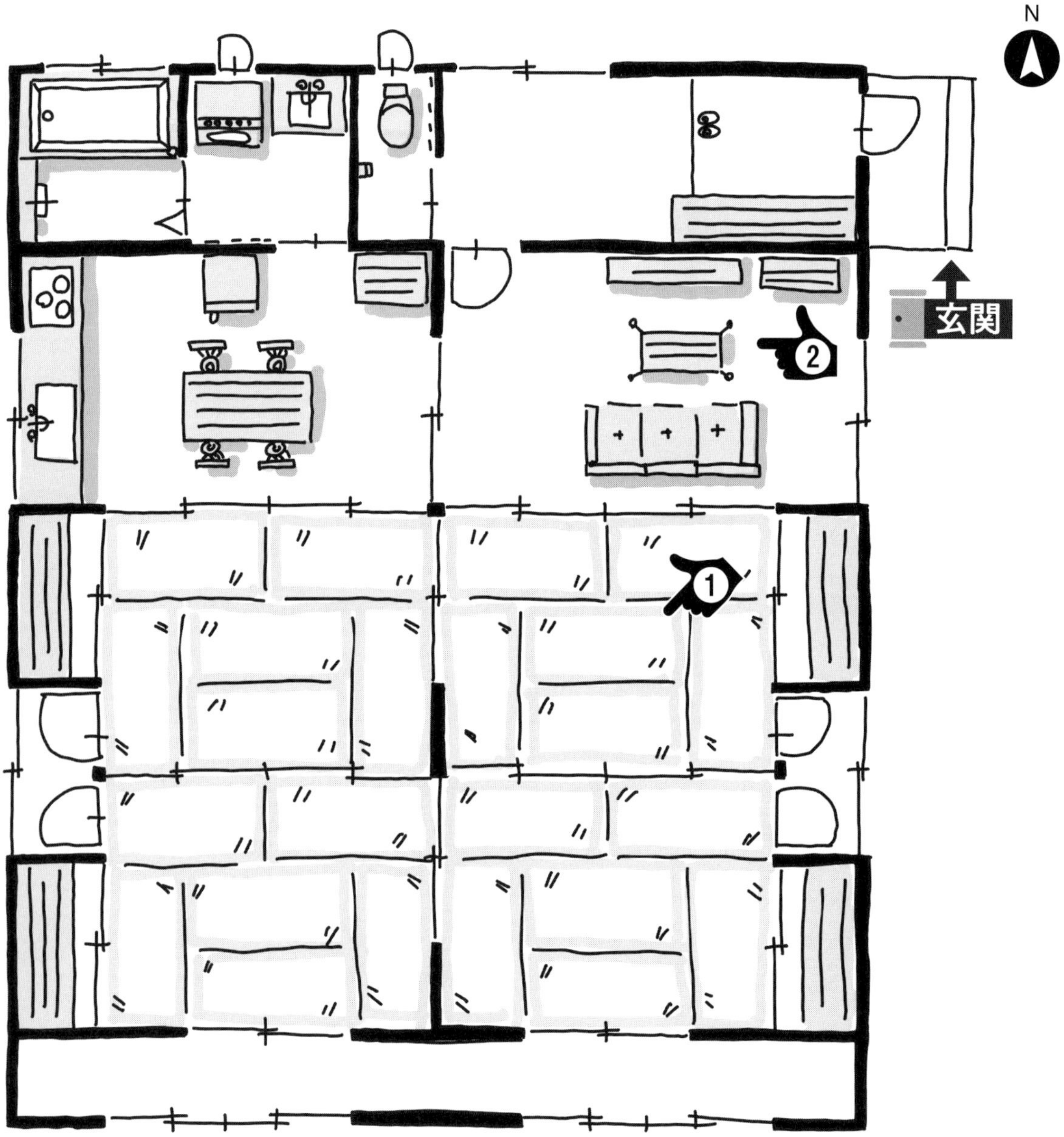

動の空間と静の空間をゆるやかにセパレート

昭和の面影が残る家。かつてメインルームだった**和室①**は、今はほとんど使われず、生活の中心は北側の**LDK②**。必然的に、光の届かない暮らしに……。そこで、和室とお別れして**リビング③**を南側へ。一方、ダイニングはまだ奥まった場所にあるので、もうひと工夫が必要です。

ここで中庭が登場。**南側の中庭④**は深く切れ込んでいて、部屋の隅々まで光を届けます。時間ごと、季節ごとに変わる陽光を存分に楽しめそう。

中庭には、空間を区切る役割もあります。**東側の中庭⑤**を境に、のんびりくつろぐリビングと、料理や食事をするダイニングという静と動のスペースがゆるやかに切り替わります。ソファに座れば、思い切りリラックスできます。

良い間取り　深く切れ込む中庭で、光が届く！

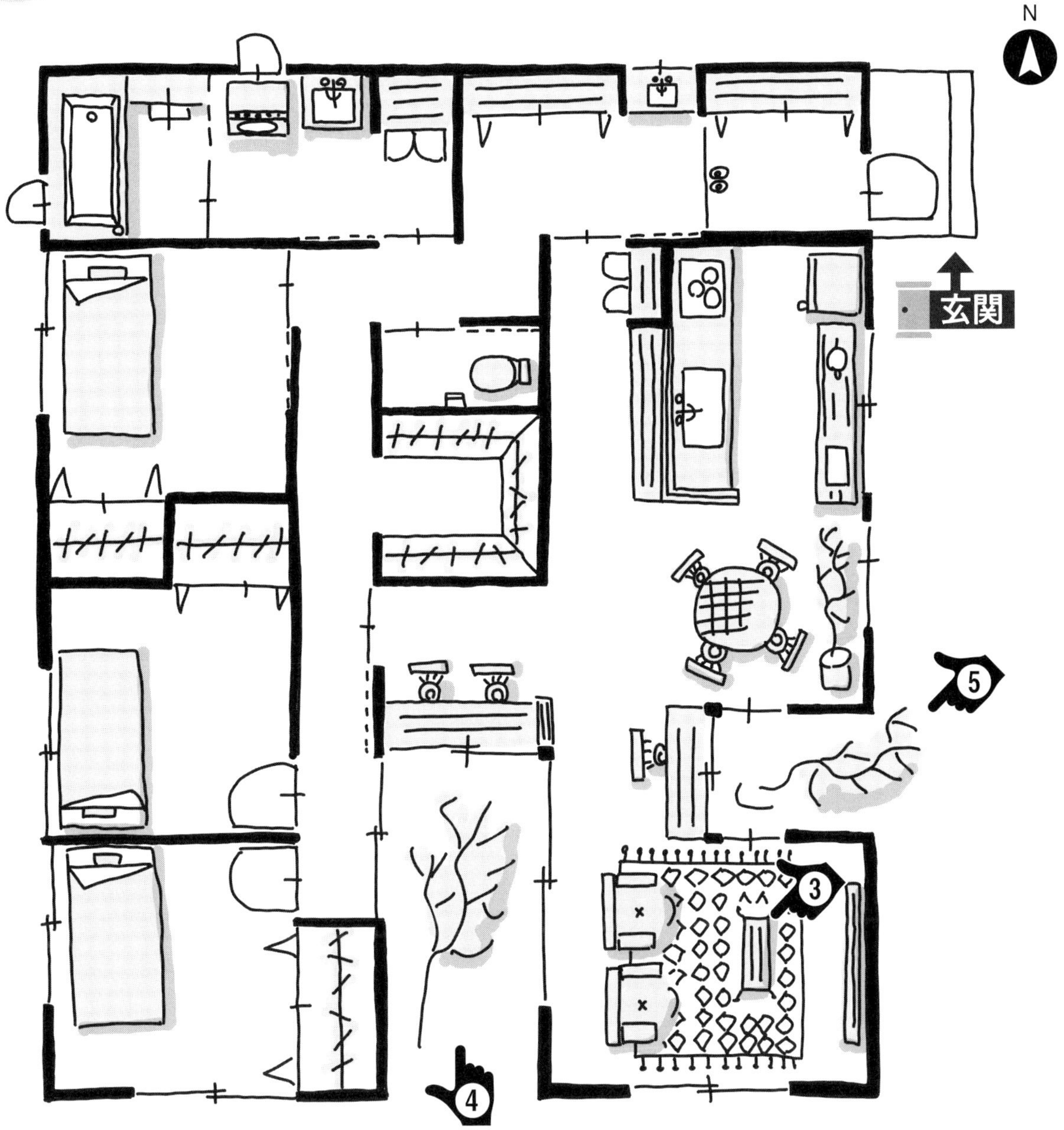

ケース **05**

動線がこんがらがっている

リビング・キッチン・洗面室の位置が遠すぎて、家事動線がめちゃくちゃに……。水まわりの連動性を高め、ついでにキッチンのおしゃれ度もグレードアップ。浴室と洗面室まわりの変貌ぶりもポイントです。

悪い間取り　水まわりが、家じゅうバラバラの位置に

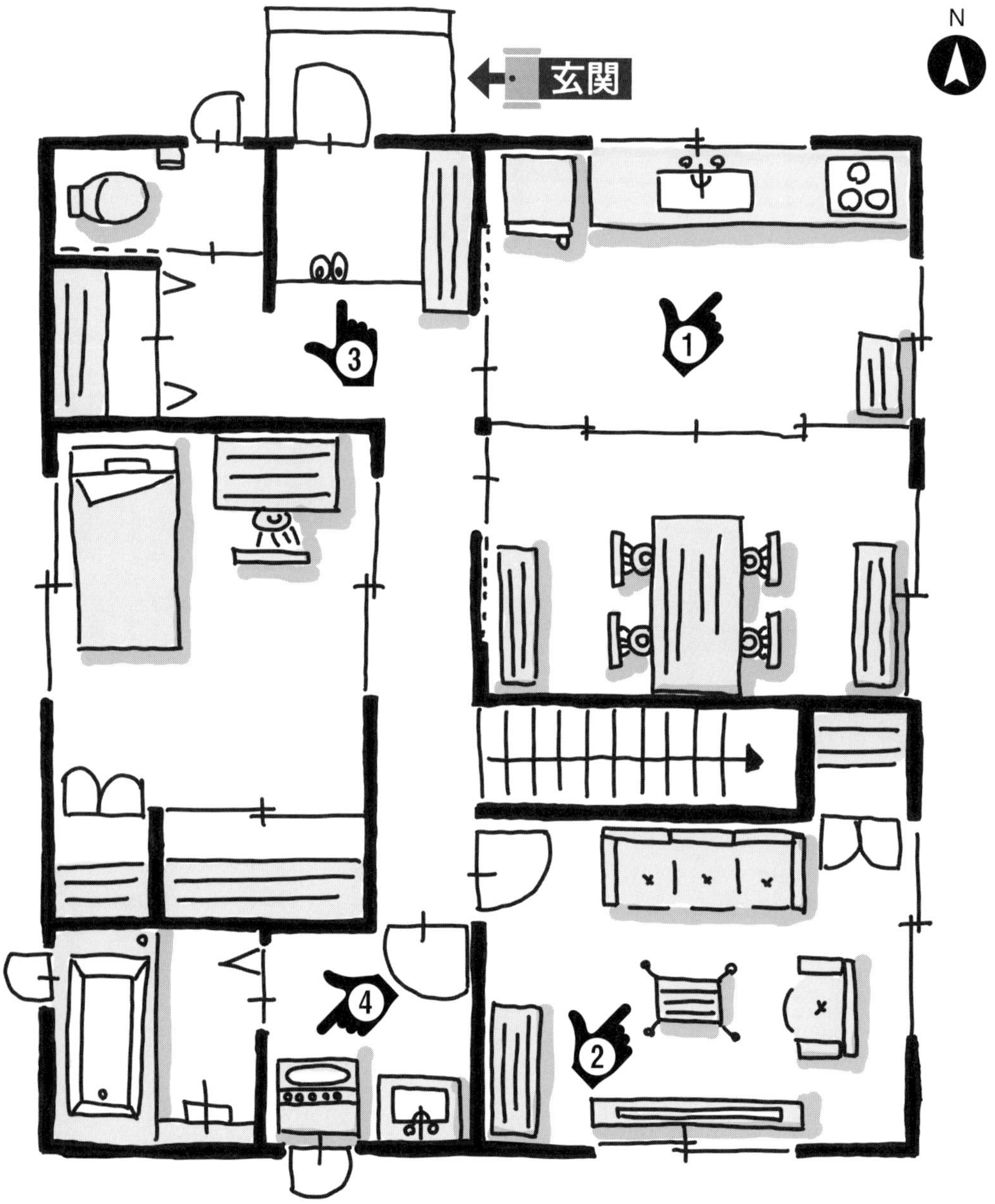

洗面室まわりの広さと技ありキッチンに注目

「悪い間取り」では**キッチン①**と**リビング②**が完全に別で、コーヒーや晩酌がとても面倒。ほかにも**玄関③**と**洗面室④**が遠い、浴室とトイレが遠いなど、不便なポイントがたくさん。

「良い間取り」では、玄関を入ってすぐに**小さな洗面台⑤**。洗面室は「**洗濯洗面室⑥**」として広くとり、収納も設置。浴室前は「**脱衣室⑦**」として区切りました。

キッチン⑧は、両側から入れてグルグルまわれる配置で、みんなが家事に参加できる仕掛け。ちなみにこれはアイランドキッチンではなく、ふつうのキッチン設備に壁をつけたもの。アイランド型よりリーズナブルで、手元が丸見えにならないのもメリット。お客さまを呼んでもも緊張せずにおもてなしできそうです。

良い間取り　水まわりが集結して、家事ラクラク

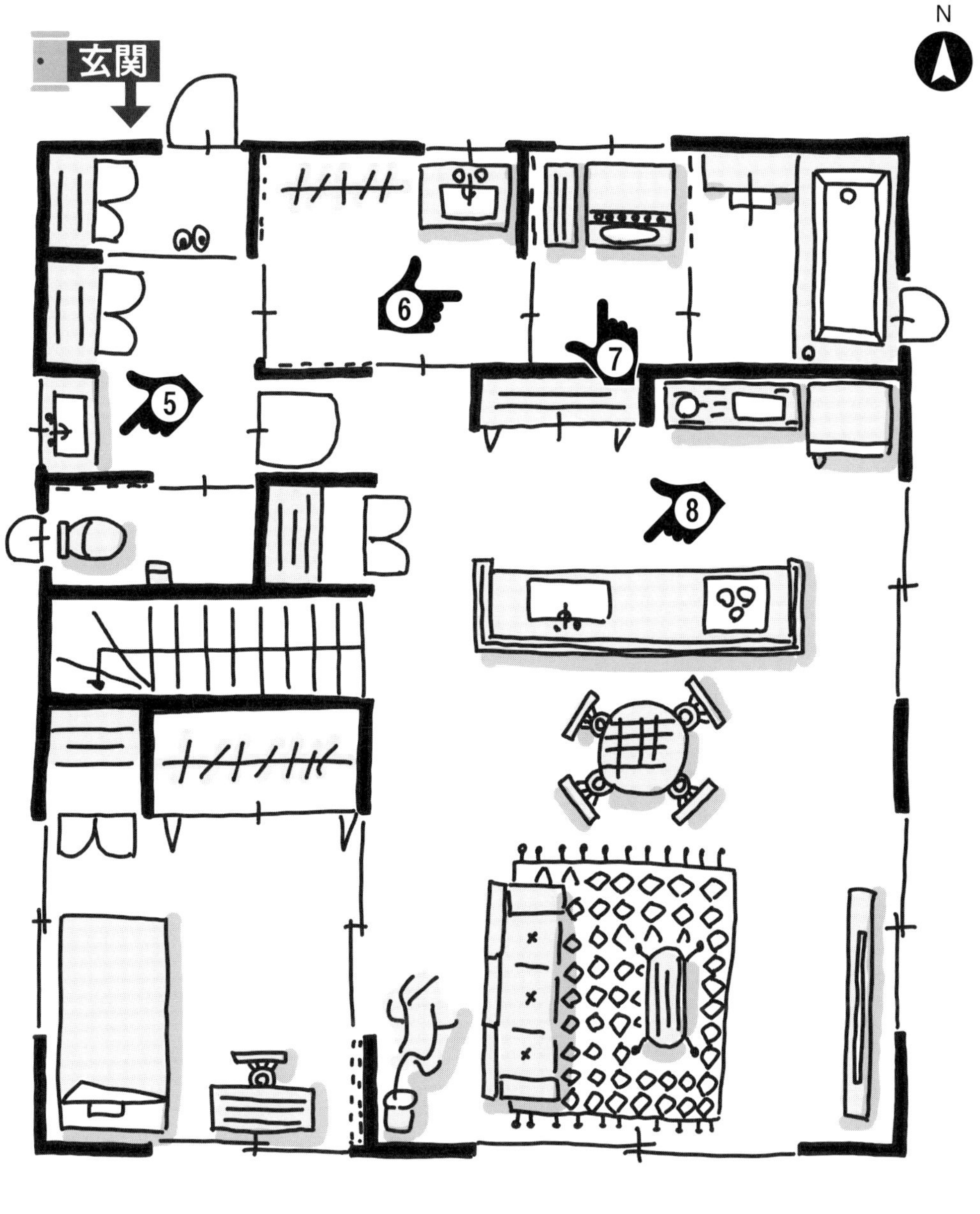

ケース 06

家族を感じられない

だだっ広い玄関、部屋の出入口はそれぞれ1つだけ、リビングはお客さま用の「応接間」に近く、家族の居場所はバラバラ……。「つながり感」をアップさせるには、いったいどうすれば良いでしょうか？

悪い間取り　部屋がバラバラ、家族の気配がゼロ

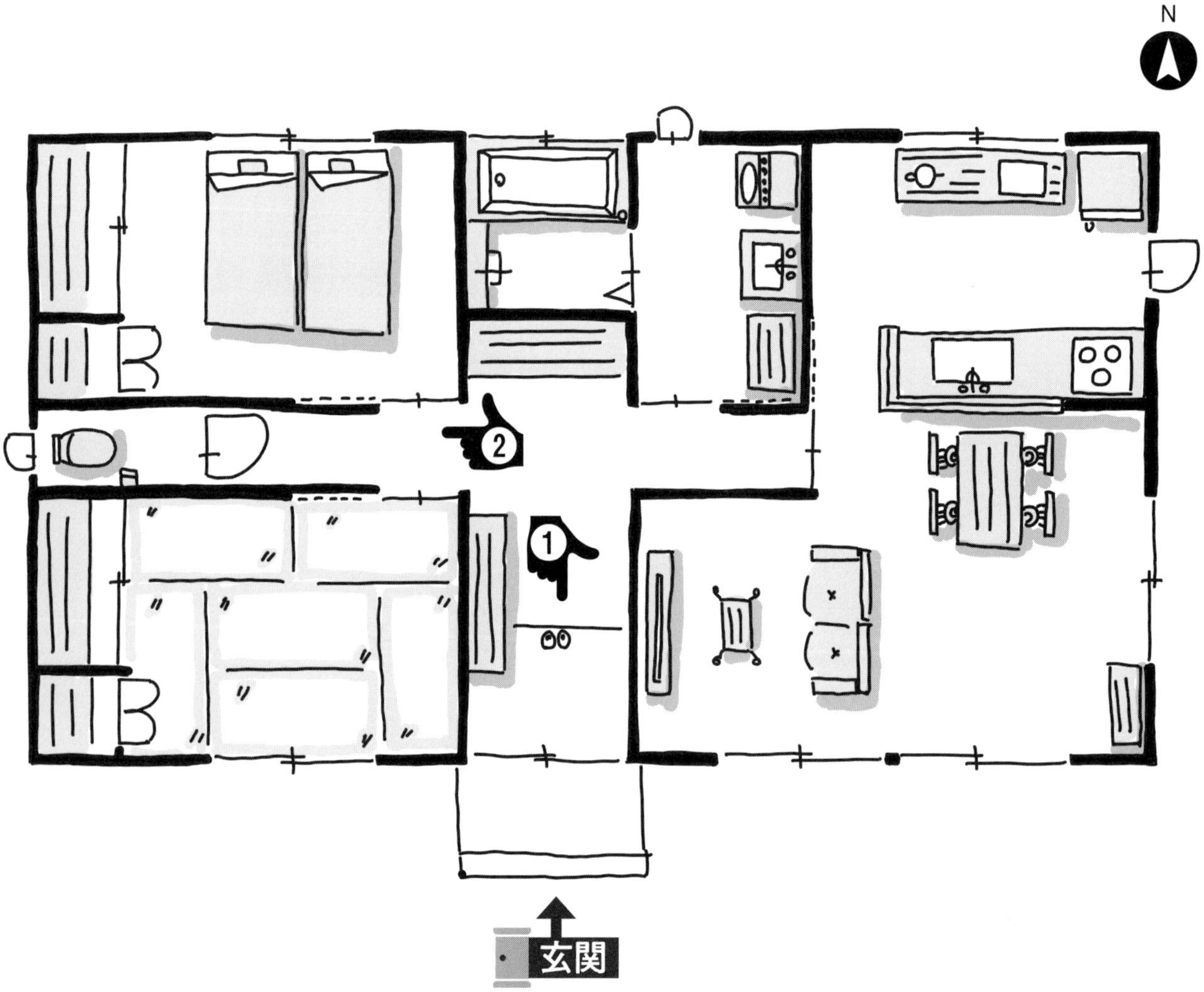

部屋どうしが近くなり温かみも機能性もUP

中央の**広い玄関①**から、左右に部屋が振り分けられた平屋は、「ザ・昭和の間取り」。部屋にいると家族の気配が伝わらず、といってわざわざ**長い廊下②**を通って行くのも面倒。昭和の家は「お客さまを迎えて恥ずかしくない場所」という価値観でつくられているので、家族のつながり感は後まわしになりやすいのです。

　そこで、**LDK③**を中心に各部屋がつながるレイアウトに変更。和室は**シングルの洋室④**に変身、個室どうしをお隣に。出入口は、高齢でも扱いやすい「引き戸」。介護をするとき・されるときも安心です。浴室の隣には洗濯洗面室と「**干し場⑤**」を設置。洗濯はもちろん、入浴後の着替えもスムーズ。20年、30年後も安全・快適に過ごせそう！

良い間取り　リビングを中心に、個室とのつながりを確保

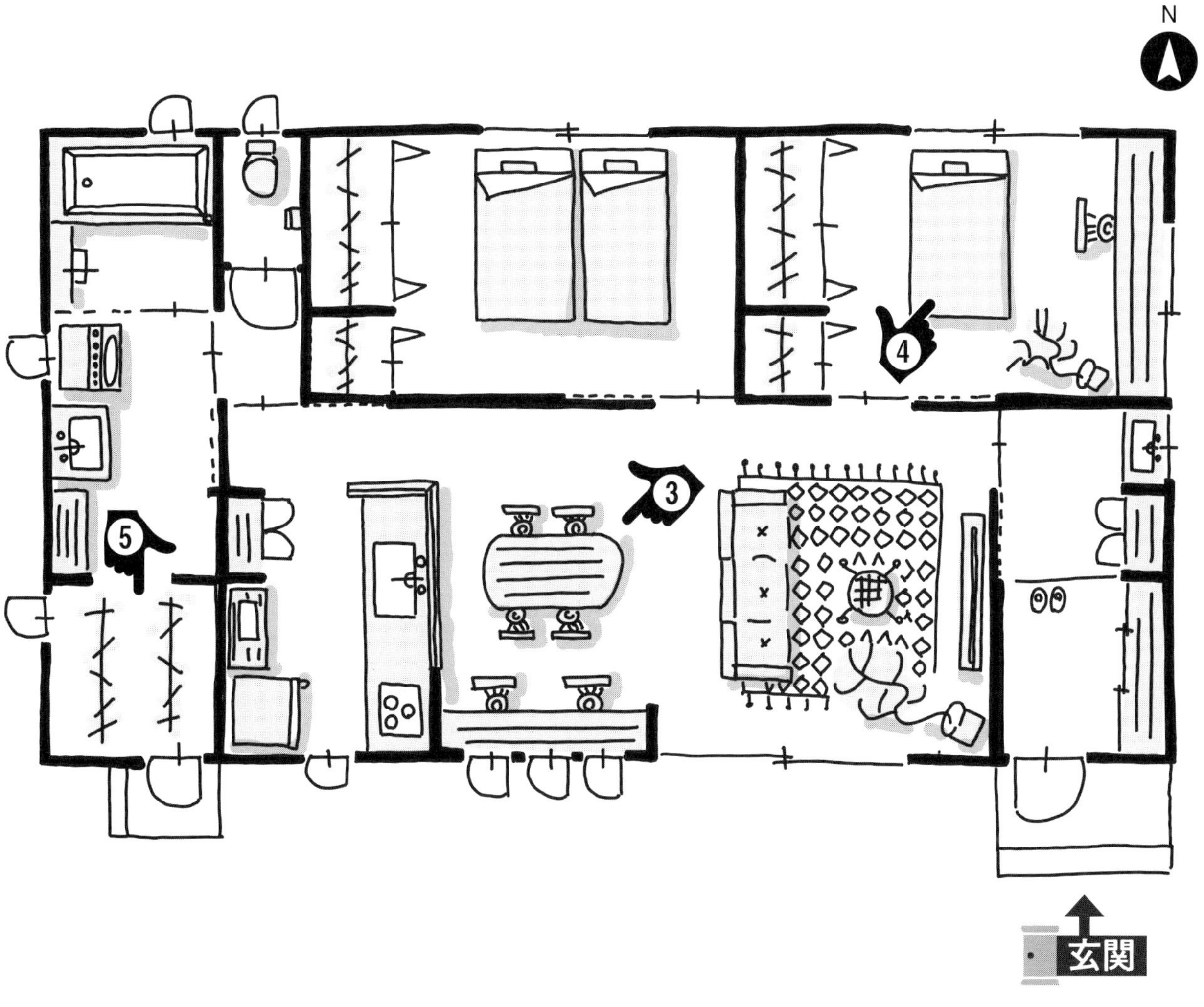

ケース 07

夜中にトイレの音で目が覚める

年齢を重ねるとともに、眠りは浅くなるもの。夜中に誰かがトイレに立つと、その音で目覚めてしまって、そのまま眠れなくなることも……。安眠の敵、「近すぎるトイレ問題」を解決しましょう！

悪い間取り　寝室の壁１つ隔ててトイレが……

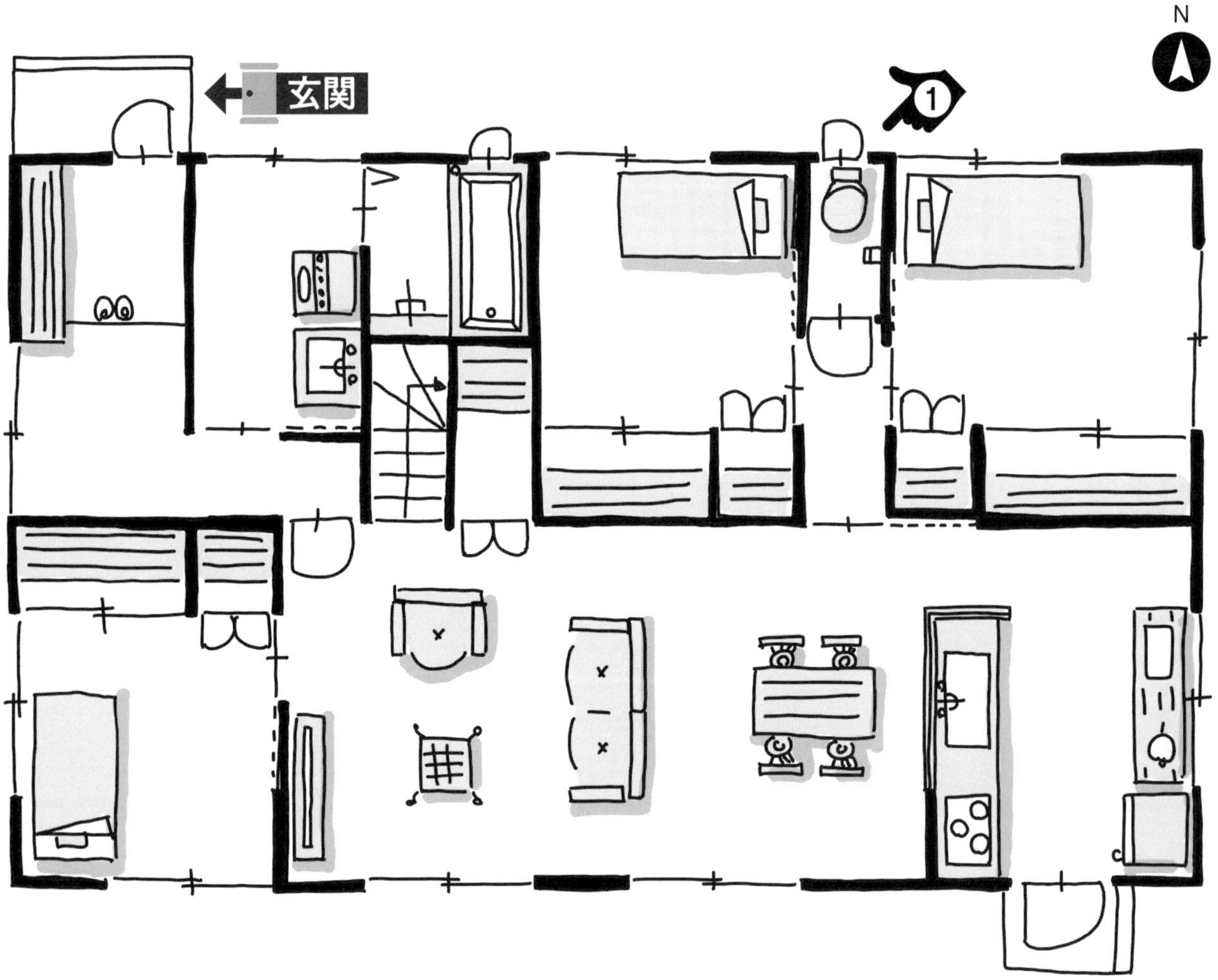

郵便はがき

料金受取人払郵便

京都中央局
承　　認

4719

差出有効期間
2024年2月21日
まで

(切手は不要です)

601-8790

205

京都市南区西九条
北ノ内町十一

PHP研究所
家庭教育普及部
お客様アンケート係　行

1060

ご住所 □□□-□□□□ TEL :	
お名前	ご年齢　歳
メールアドレス	@

今後、PHPから各種ご案内やアンケートのお願いをお送りしてもよろしいでしょうか？　□ NO
チェック無しの方はご了解頂いたと判断させて頂きます。あしからずご了承ください。

<個人情報の取り扱いについて>
ご記入頂いたアンケートは、商品の企画や各種ご案内に利用し、その目的以外の利用はいたしません。なお、頂いたご意見はパンフレット等に無記名にて掲載させて頂く場合もあります。この件のお問い合わせにつきましては下記までご連絡ください。（PHP研究所　家庭教育普及部　TEL.075-681-8554　FAX.050-3606-4468）

PHPアンケートカード

PHPの商品をお求めいただきありがとうございます。
あなたの感想をぜひお聞かせください。

お買い上げいただいた本の題名は何ですか。

どこで購入されましたか。

ご購入された理由を教えてください。（複数回答可）

1　テーマ·内容　2　題名　3　作者　4　おすすめされた　5　表紙のデザイン
6　その他（　　　　　　　　　　　　　　　　　　　　　　）

ご購入いただいていかがでしたか。

1　とてもよかった　2　よかった　3　ふつう　4　よくなかった　5　残念だった

ご感想などをご自由にお書きください。

あなたが今、欲しいと思う本のテーマや題名を教えてください。

トイレ・浴室・洗面室に連動性を持たせて

寝室の隣に**トイレ①**があると、「ジャーッ」の音で起きちゃう！というお悩みの解決策は簡単。トイレと寝室を離せばＯＫ……なのですが、どうせ離すなら、いちばん便利な場所に移したいですよね。

50代以降の暮らしに欠かせないのは「便利な水まわり」。**浴室→脱衣室・洗濯洗面室→トイレ②**が一連でつながっていたら、すごく便利だと思いませんか？

それぞれの空間は引き戸で仕切られていますが、全部開けるとウォークスルーが可能。入浴前にタオルをとって、メイクを落として、ついでにトイレにも……というふうに。さらにこの空間、引き戸1枚で「**集合収納③**」ともつながります。お風呂から出たあとの着替えも楽チン！

良い間取り　音を気にせず熟睡できて、水まわりも便利に

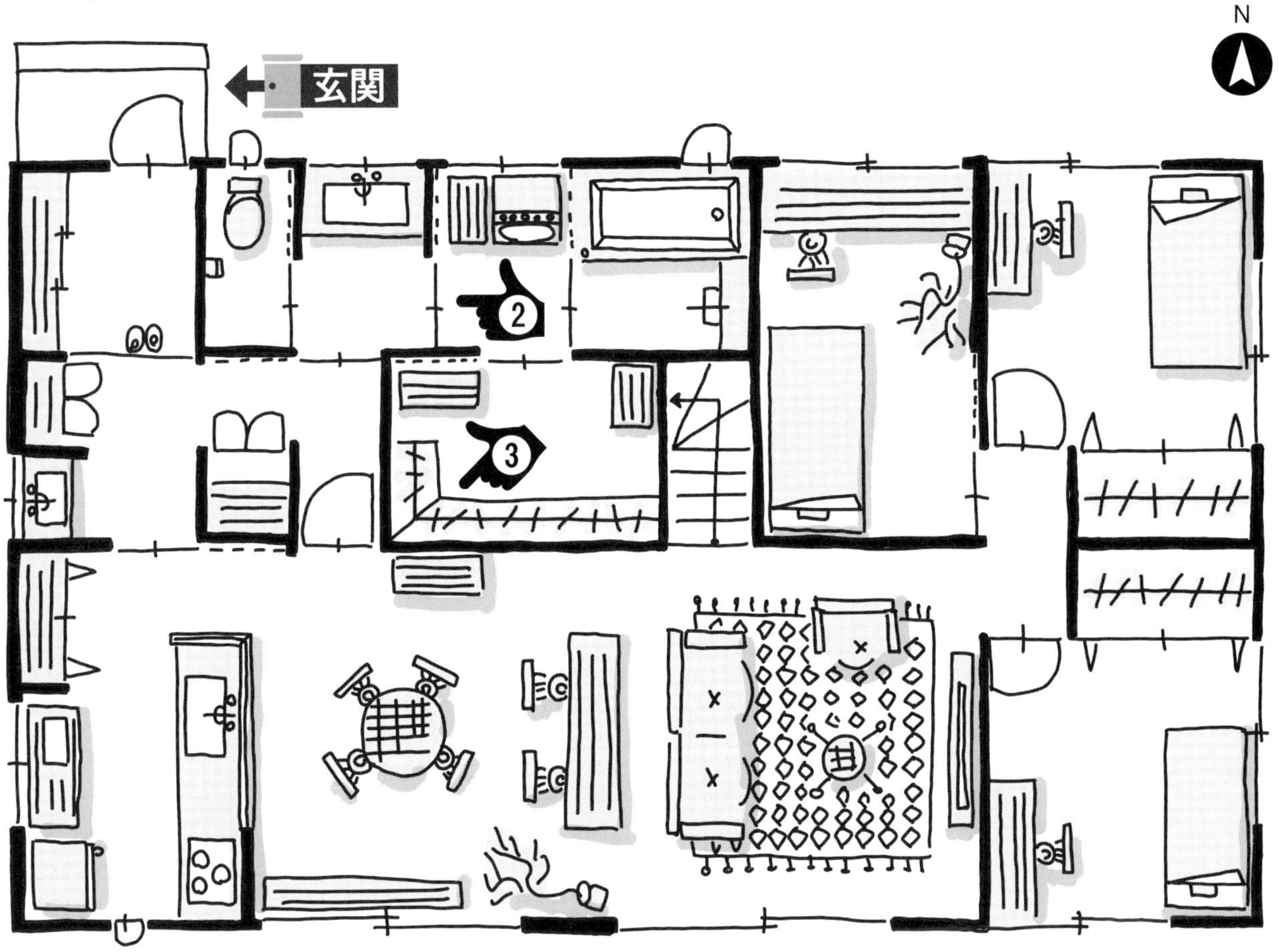

ケース 08
お湯がなかなか出てこない！

なかなかお湯が出ない家は、冬場が大変。原因は、水まわりの位置がバラバラで、お風呂から給湯器が遠いこと。配管が短くなるよう間取りを変えると……「便利」だけでなく「楽しい」家になりました！

悪い間取り　浴室と給湯器の距離が長すぎる

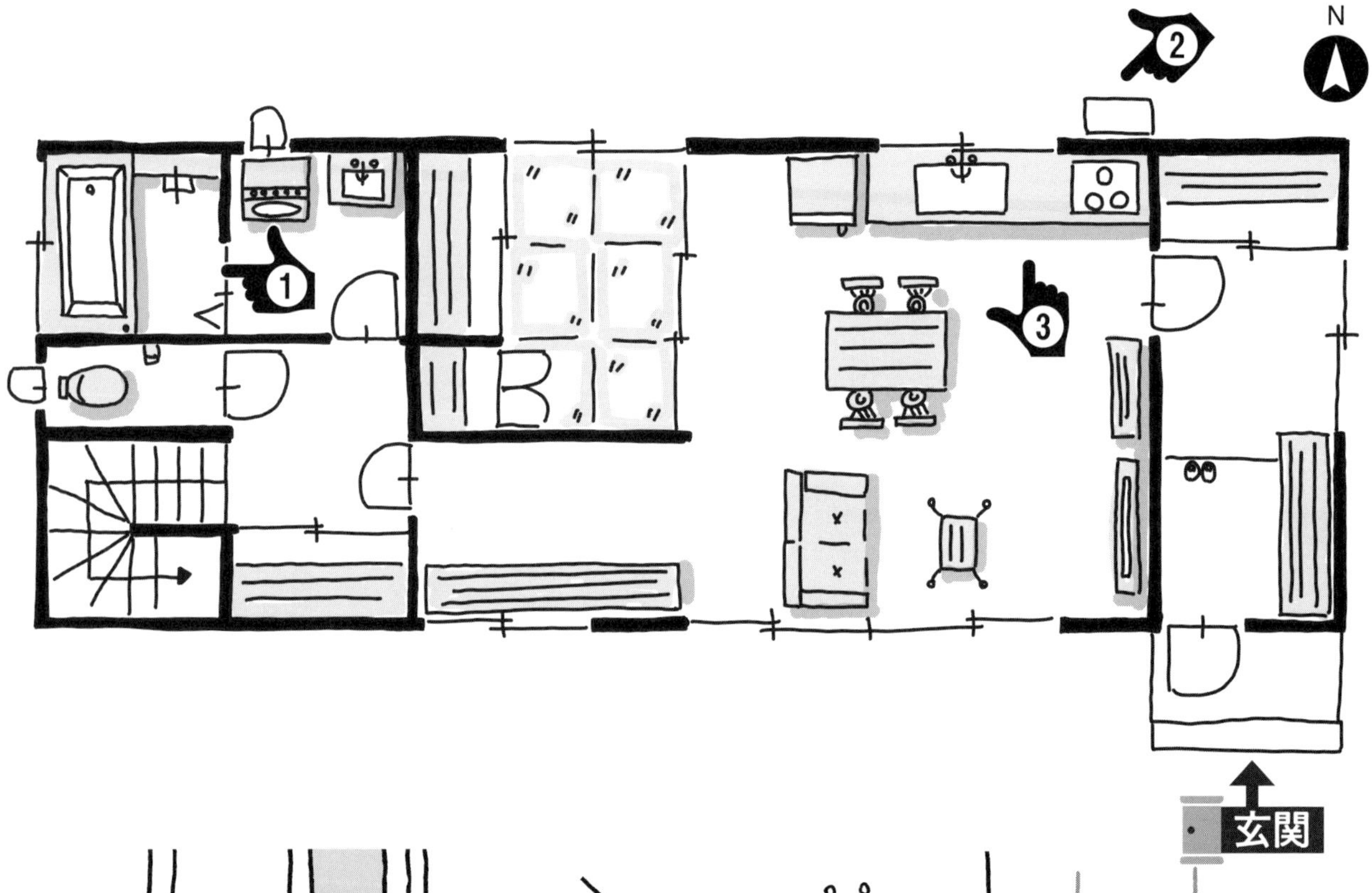

お風呂は快適に、リビングは賑やかに！

シャワーの栓をひねっても、いつまでたっても冷水のまま……。それは、**浴室・洗面室①**から**給湯器②**までの距離が長すぎるから。では、給湯器をお風呂のそばに持って行けば良いかというと、今度は、**キッチン③**でなかなかお湯が出なくなってしまうのが困りもの。

そこで、**給湯器④**と一緒に**キッチン⑤**も西側へ移動。結果、LDKのレイアウトがガラリと変わりました。

ぐっと広くなった空間には、**L字型のカウンター⑥**が。趣味を楽しめる、「プチ・プライベート」な一角です。さらに、**8人がけのダイニング⑦**と**大きなソファ⑧**も。これならホームパーティーも開けます。お料理好き、飲み会好きのご家族にぴったりの家に生まれ変わりました。

良い間取り　水まわりをまとめて「人が呼べるLDK」に

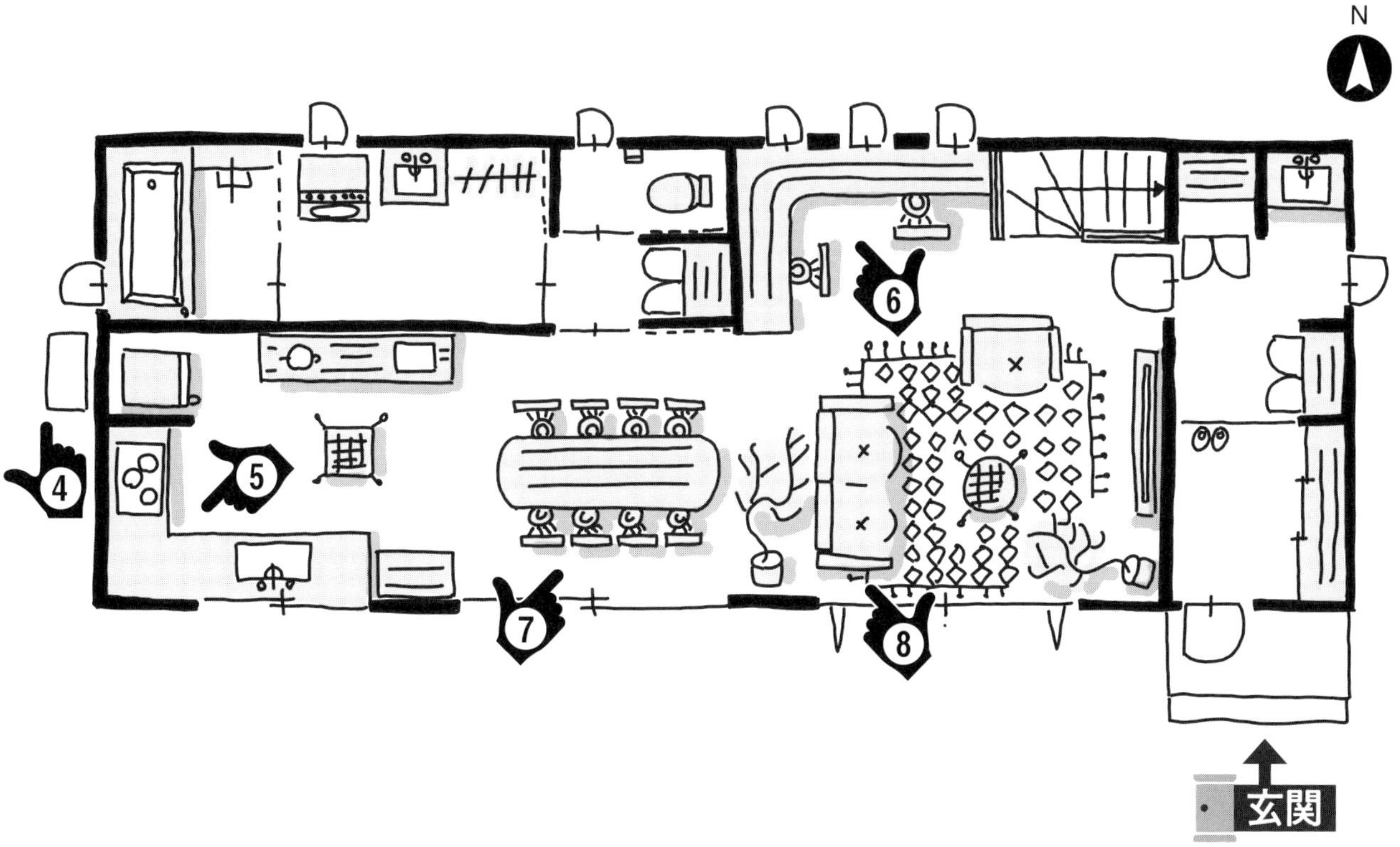

ケース **09**

洗濯が大変！

洗濯物を干す場所はたいてい、南側にあるもの。もし洗濯機が北側にあれば、干すにも取り込むにも面倒です。外までの距離をぐっと短く、ついでに家の中にも物干し場をつくって、家事負担を大幅カット！

悪い間取り　洗濯機と物干し場が遠く離れている

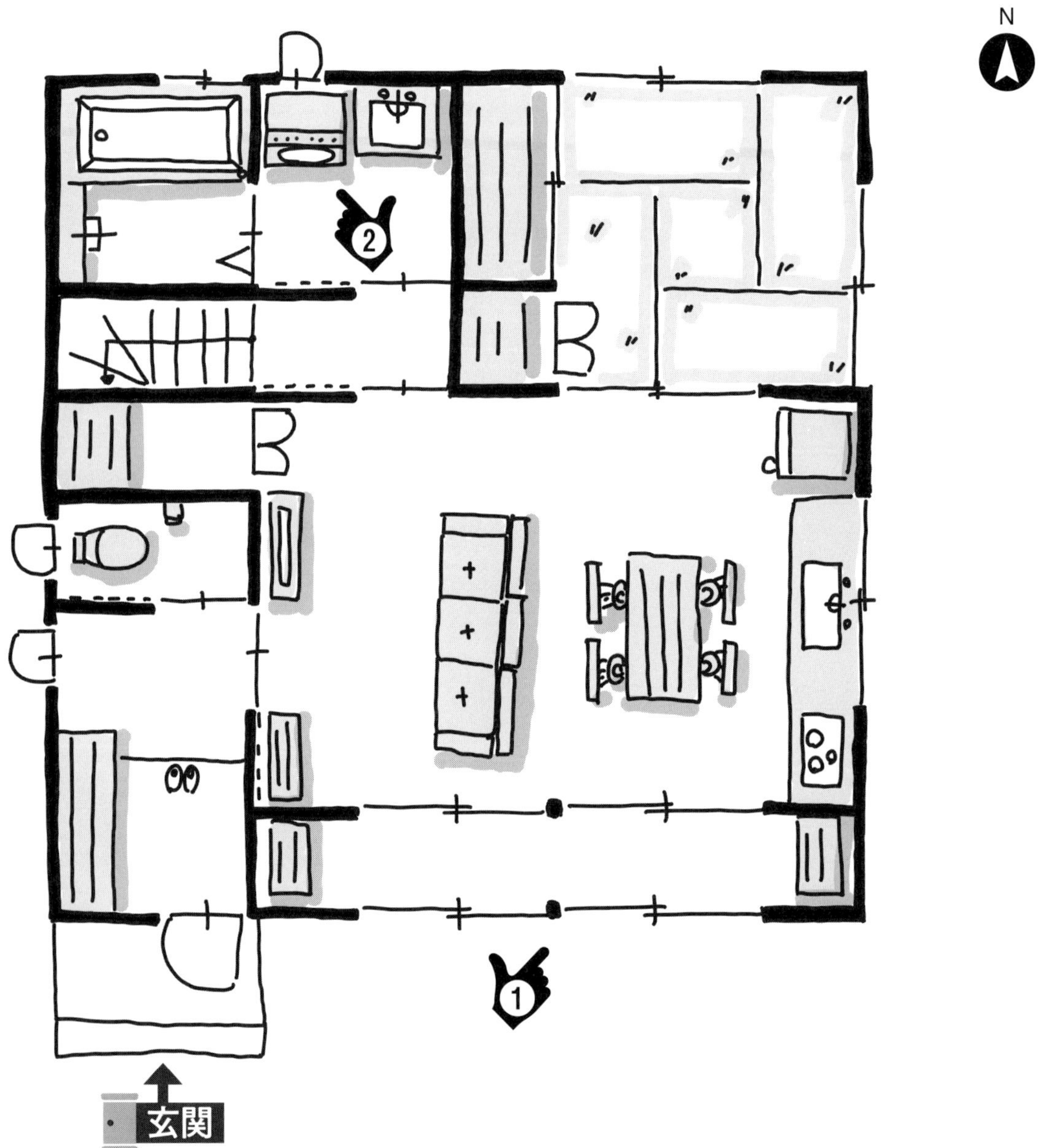

天気を気にせず洗濯 新しいキッチン収納も◎

南に**縁側と庭①**のある、昭和の香りのする間取り。明るさも風通しも満点だけれど、洗濯が大変なのが難点です。**洗濯機②**が北にあり、洗濯カゴを持って毎回家を「縦断」する面倒さ。雨が降ったときの「部屋干しスペース」がないのも不便。折り畳み物干しで和室に干す？ それも生活感がにじみ出てイヤですよね。

そういうわけで、浴室と洗濯洗面室を東側に大移動。**勝手口③**をつくり、サッと南に出られるようになりました。さらには、広～い「**室内物干し場④**」も！ 東側にあったキッチンは北側へ。前より広くなったぶん、**大きなパントリー⑤**ができました。LDから見える部分は扉つきの「**隠す収納⑥**」に。洗濯だけでなく、料理も楽しくなりそうですね。

良い間取り 物干し場&勝手口でスムーズ動線に

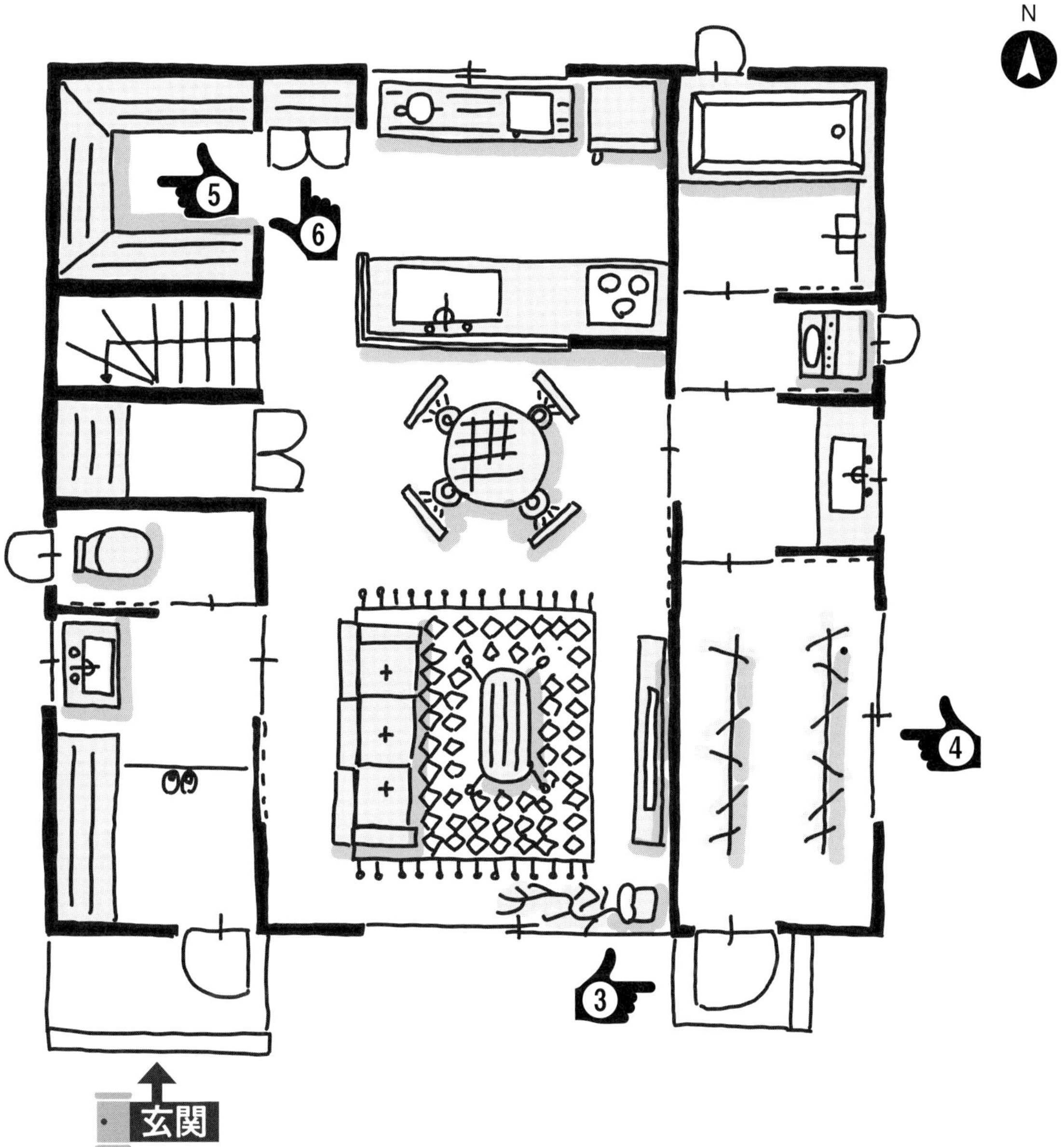

※浴室・洗面室・物干し場の間の引き戸は、壁の耐震性を保つために、壁に外づけする形の「アウトセット引き戸」を推奨します（→P.19）。

ケース 10

家事が疲れる！

キッチンとダイニングが遠すぎる、謎の間取り。しかもL・D・Kがそれぞれ別々の部屋になっていて、狭苦しい印象も。LDKを一体化させれば、動線の簡略化と、開放感アップの両方が実現します。

悪い間取り　ダイニングが遠くて、配膳が大変

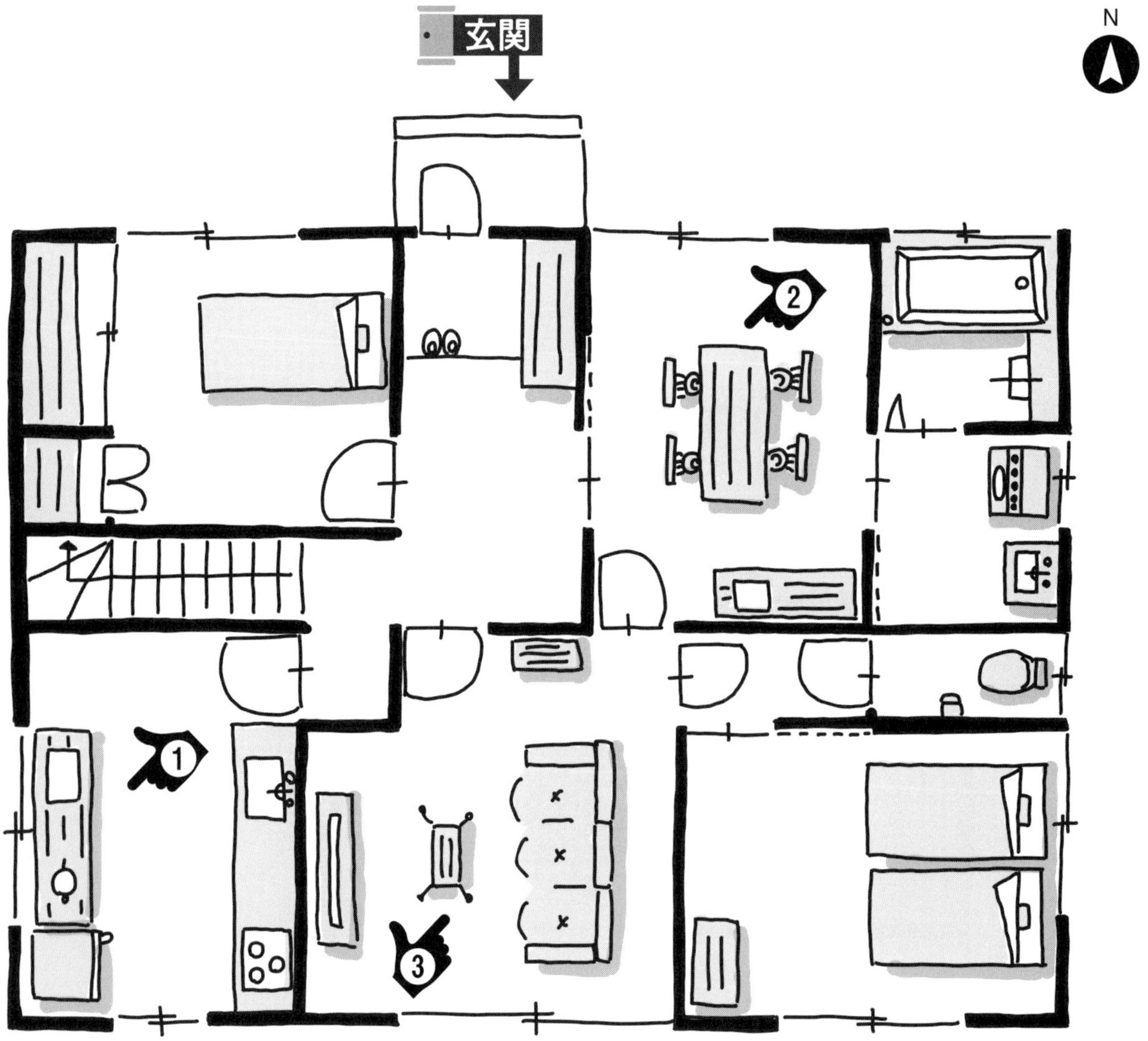

バラバラの機能をひとまとめに！

玄関を挟んで、**キッチン①**は西、**ダイニング②**は東。配膳も片づけも大変です。しかも、**リビング③**も別の部屋。家事効率だけでなく、家族全員の移動ストレスが積もりそうです。ダイニングもリビングも壁に囲まれ、閉塞感があるのも困りもの。

そこで、**LDK④**を一体化。壁面しか見えなかったキッチンは「**アイランド風キッチン⑤**（→P.29と同じ）」に。手伝ったりおしゃべりしたり、コミュニケーションも活発になりそうです。南側は**ガラスの折れ戸⑥**になっていて、光もたっぷり、全部開けば風通しも最高！

キッチンと**洗濯洗面室⑦**も近づきました。朝食→片づけ→洗濯、と家事がスイスイ進みます。小さな物干し場と脱衣所つきなのも嬉しいですね。

良い間取り　家事が驚くほどはかどる間取りに

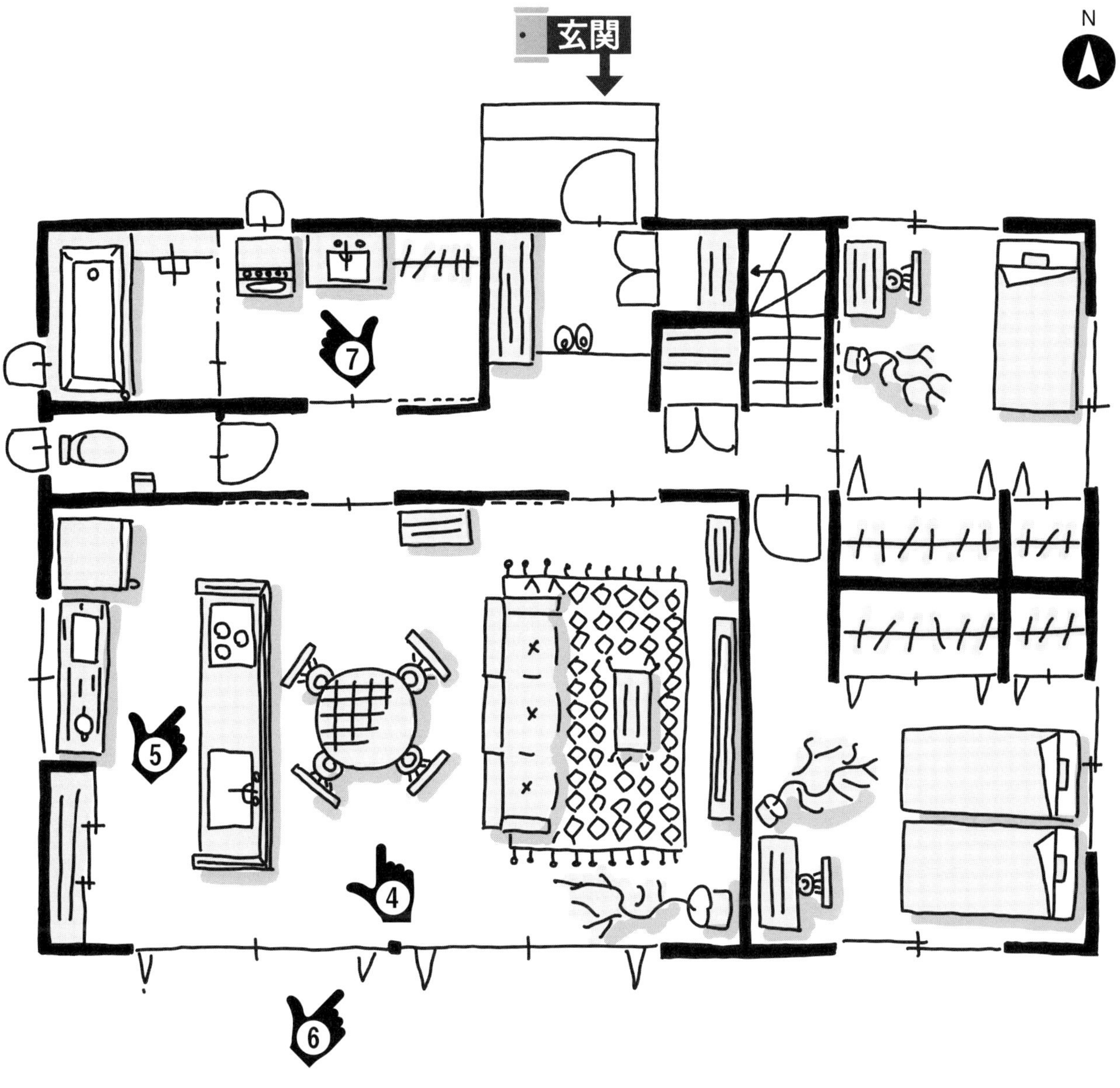

ケース **11**

なんだか狭苦しい！

部屋が細切れで、それぞれの部屋に扉が1枚だけ。これは「つながり感不足」に加えて、「狭苦しさ」も感じさせます。間仕切りを取り除いて開放的に、ついでに収納にも工夫を凝らしてみました。

悪い間取り　各部屋が孤立していて狭い

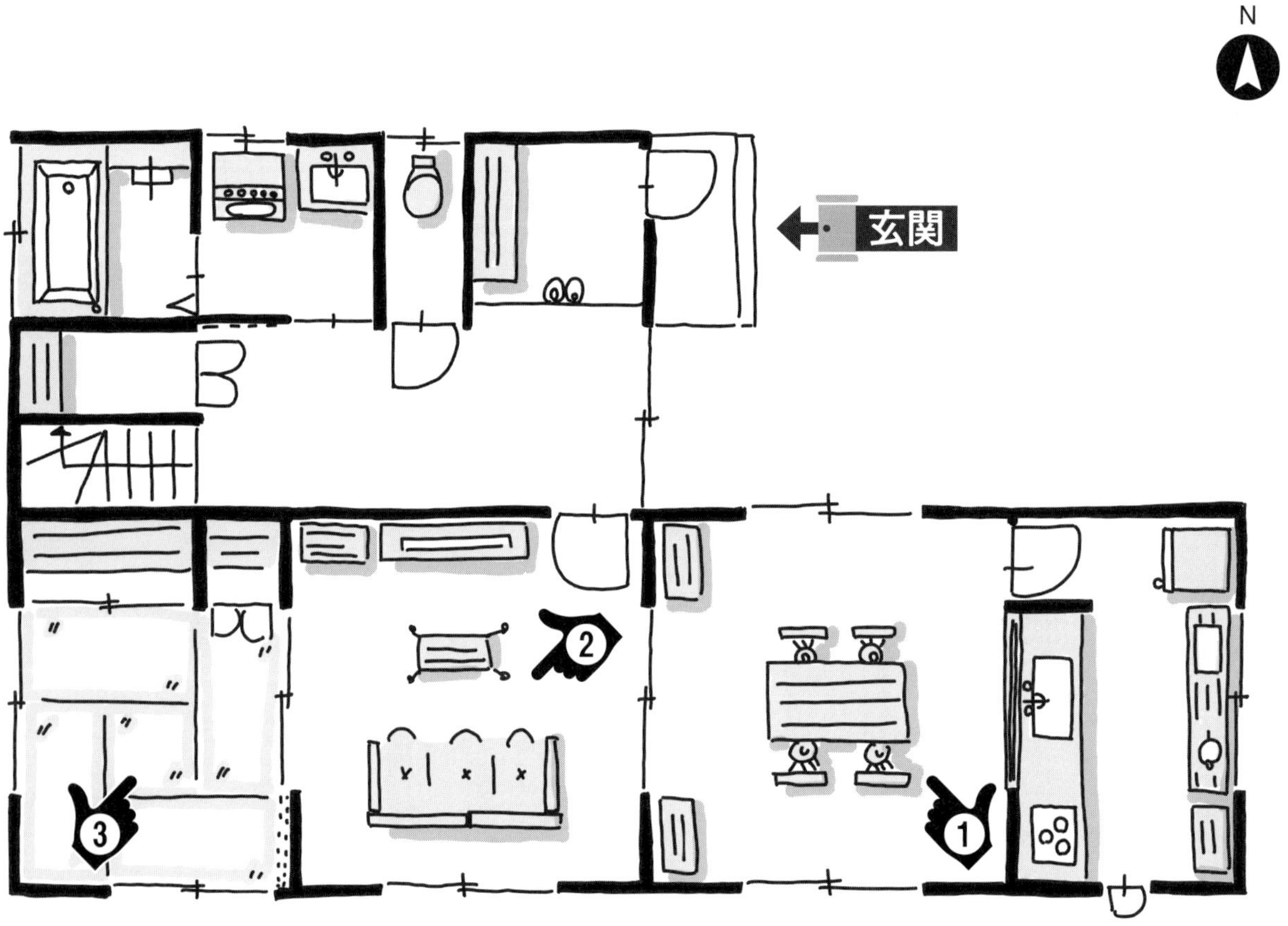

細切れの部屋を開放的な一室に

細切れで**ダイニング①・リビング②・和室③**と部屋が続くと、狭くなる上に、気持ち的にも閉塞感がありますね。壁をなくして**LDK④**をひとまとめにすることで解決できます。

リビングの**L字型カウンター⑤**と**カフェ窓⑥**は趣味スペースに。広い空間と全面採光がすがすがしく、人を呼んでパーティーも開けそう。

収納が一気に増えたのもポイント。**洗濯洗面室⑦**とつながる**集合収納⑧**のおかげで、朝の身支度や、夜の入浴→着替えもスイスイ。**洗面室の窓⑨**は、開放感アップの小さな仕掛けです。

玄関にあるウォークスルーの**大容量収納⑩**にはコートやバッグをしまえます。「ダイニングテーブルの上にカバンをドンと置かれる怒り」とも、これでおさらばです（笑）。

良い間取り　広々テーブルと大容量収納のある家に

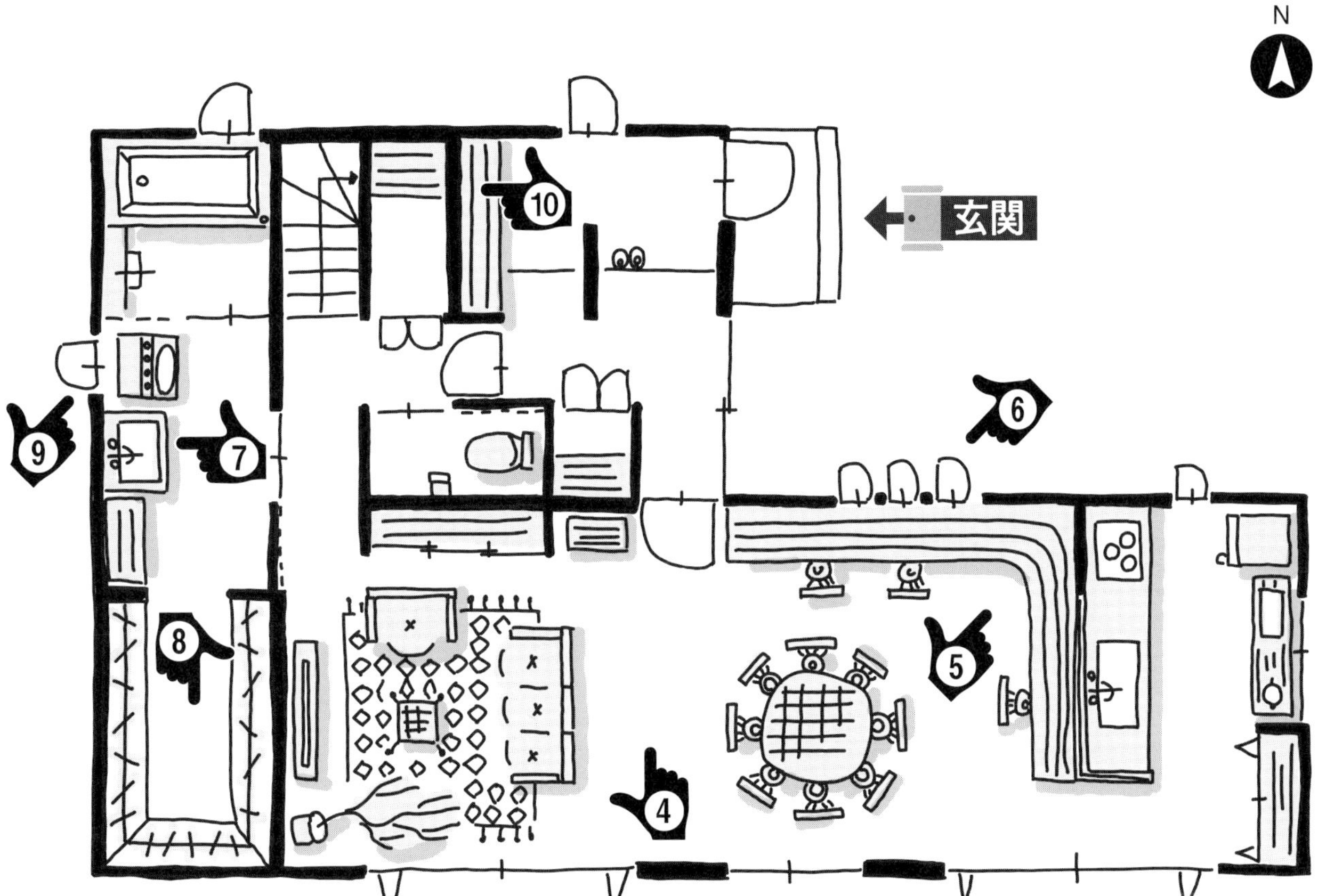

ケース **12**

冬は寒く、夏は暑い！

一見すると快適そうな、広々としたＬＤＫ。でも間仕切りがまったくないため、エアコンの風が逃げてしまい、しっかり冷えない、暖まらないのが難点。開放感を維持しつつ、この問題を解決するには……？

悪い間取り　間仕切りがなく、暖まりにくい

「引き戸マジック」で空間も温度も最適化

右の間取りは一見「良い間取り」。大きな**ＬＤＫ①**も広々とした**土間②**も、開放感があって素敵ですね。しかし、間仕切りが少ないのが欠点。エアコンの冷気や暖気が逃げてしまい、冬は寒いし夏は暑いし、冷暖房費がかさむのもストレス。

この問題を解決すべく、「引き戸」をフル活用！　**土間・リビングダイニングの間に引き戸③**を設置し、冷気と暖気をキープ。階段前にも**引き戸④**を設置して、２階から降りてくる冷気をシャットアウト。

全面開け放てば、変わらず広々。土間は「２本引き込み戸」になっていて、コンパクトに収まります。**浴室・脱衣室・洗濯洗面室・トイレ間にも引き戸⑤**が。閉じれば暖かく、開けば動線スイスイで快適です。

良い間取り　開ける／区切るが自由自在に

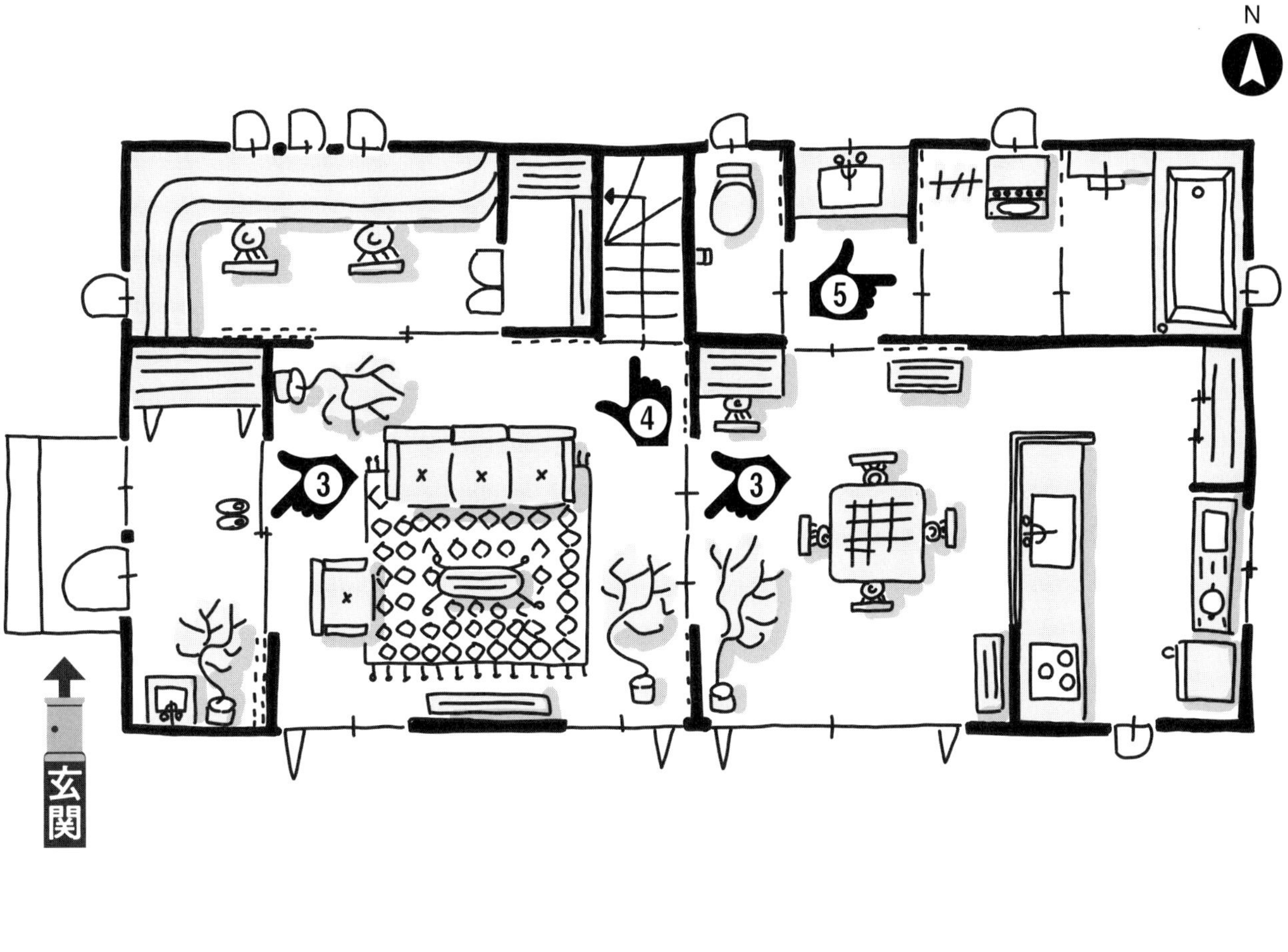

ケース 13

なんとなく、くつろげない！

家でも「1人でくつろぎたい」と思うこと、ありますよね？加えて近年はスマホが普及し、映画配信やゲームなどを「1人で楽しむ時間・空間」がほしい人が増えています。それに応えるリビング、考えてみました！

悪い間取り　1人になれるスペースがない

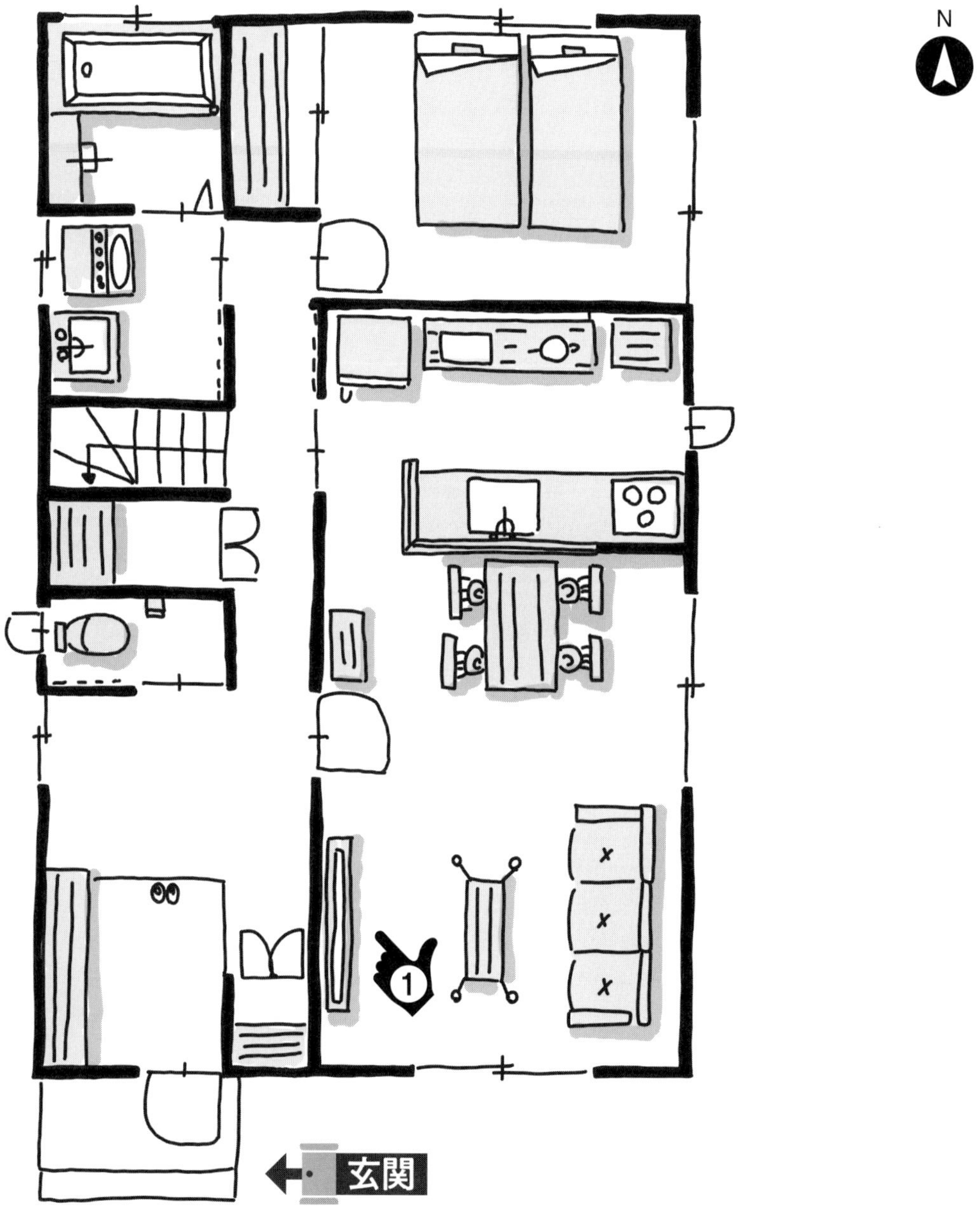

人気急上昇中！「ヌック」の魅力とは

ステイホーム期に、家族がずっと家にいるストレスを感じた人は多いはず。それは、1人になれるスペースが家になかったからです。

これからの暮らしは、さらに1人時間の重要度が増します。「みんなで**テレビ①**を見る」時代から、「1人ひとりがスマホで楽しむ」時代になってきているからです。

そんな時代のくつろぎスペースとしておすすめなのが、窓際の「**ヌック②**」。このベンチの上にも壁がせり出していて、ちょっと奥まったスペースになっているのです。海外ではすでにポピュラーで、今後は日本でも人気に火がつく気配。

そして、プチ**「夫婦別部屋」③**。よく見ると、2人のベッドの間に壁が！　リラックスできますヨ。

良い間取り　プチ「夫婦別部屋」

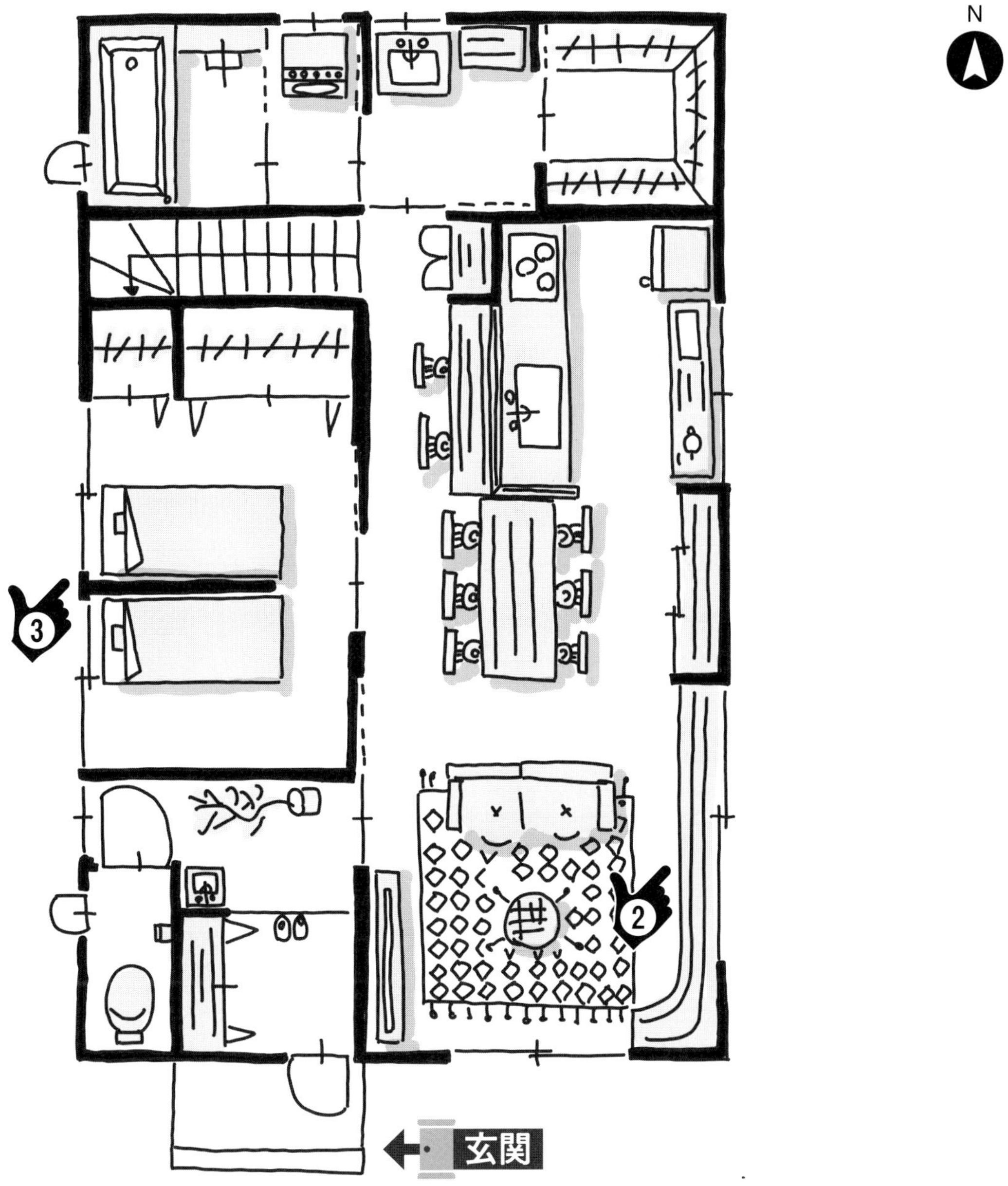

ケース **14**

収納のバランスが悪い！

収納の極意は、量ではなく「適材適所」。その部屋で使うものを、効率的な動線で出し入れできてこそ良い収納なのです。大きな納戸がドーンとあるだけ、というこの家も、大改造の必要アリです。

悪い間取り　キッチンに収納スペースが少なめ

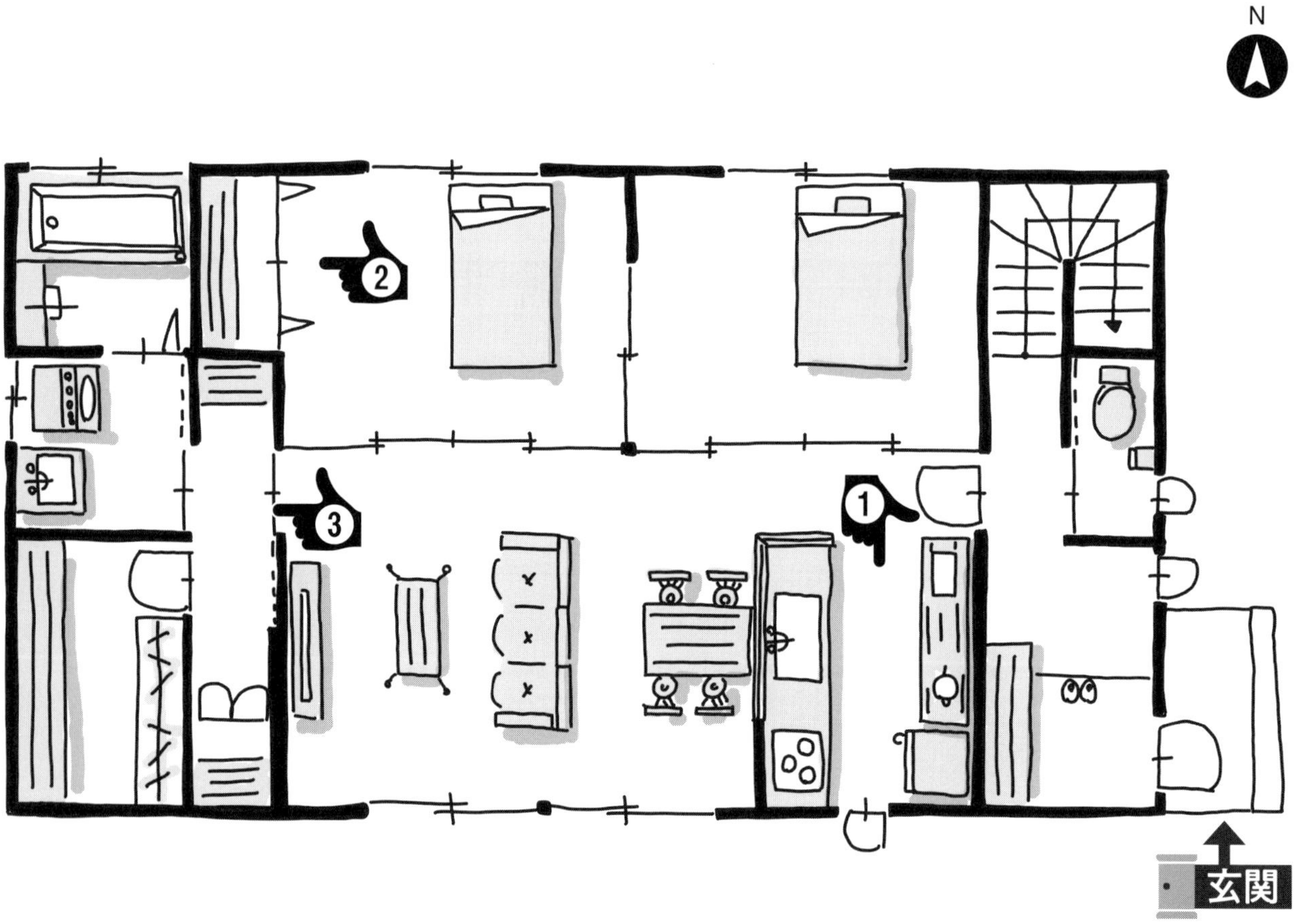

納戸スペースが大変貌！
適材適所の収納に

右の間取りの問題は、収納のチグハグさにあります。たとえば**キッチン①**。調理器具はシンク下などに入れるとして、食器はどこに？ 個室も、一方は**クローゼット②**あり、一方はナシとアンバランス。西側の**納戸③**はほかの部屋との連動性がなく、謎の死蔵部屋となる可能性大です。

でも、納戸と**洗濯洗面室④**の壁をとると……浴室グッズやタオルや衣類がたっぷり入るスペースに変貌！キッチンには、ダイニングテーブルの代わりに**カウンター⑤**を設置。カウンター下は大容量の食器棚に。ちなみにコストが気になるなら、食器棚の扉を省略してもOK。節約もできて出し入れもラクです。

個室にも両方**クローゼット⑥**がつき、「適材適所」な収納の完成です。

良い間取り　カウンター兼食器棚で使いやすいキッチンに

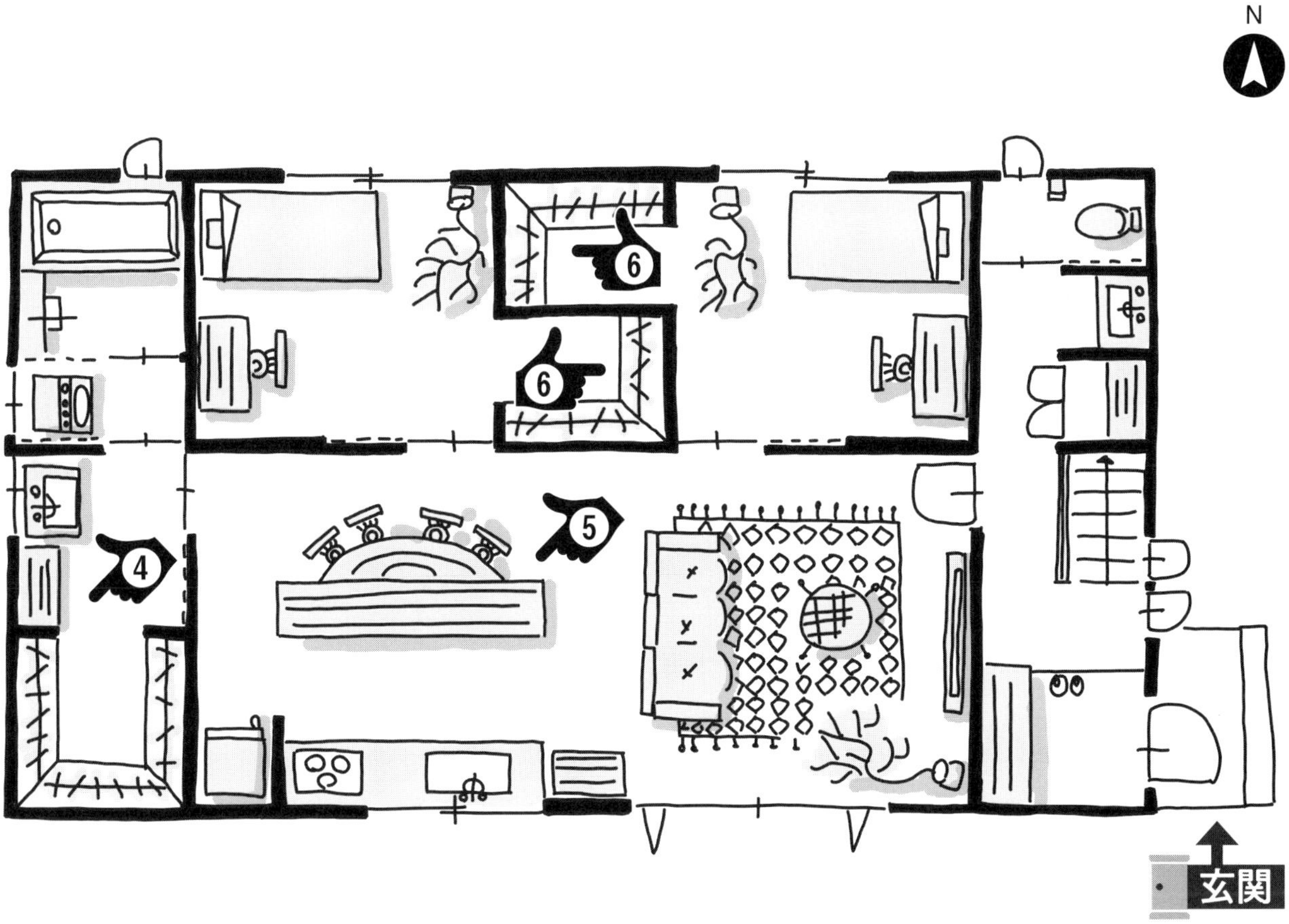

ケース 15
二世帯住宅がストレス！

二世帯住宅は、生活がきちんとセパレートされていないと、どんどんストレスがたまります。お互いに気を使って神経をすり減らさないためには――「すべてを2つ」にすることが肝要！

悪い間取り　お風呂もキッチンも共用で気が休まらない

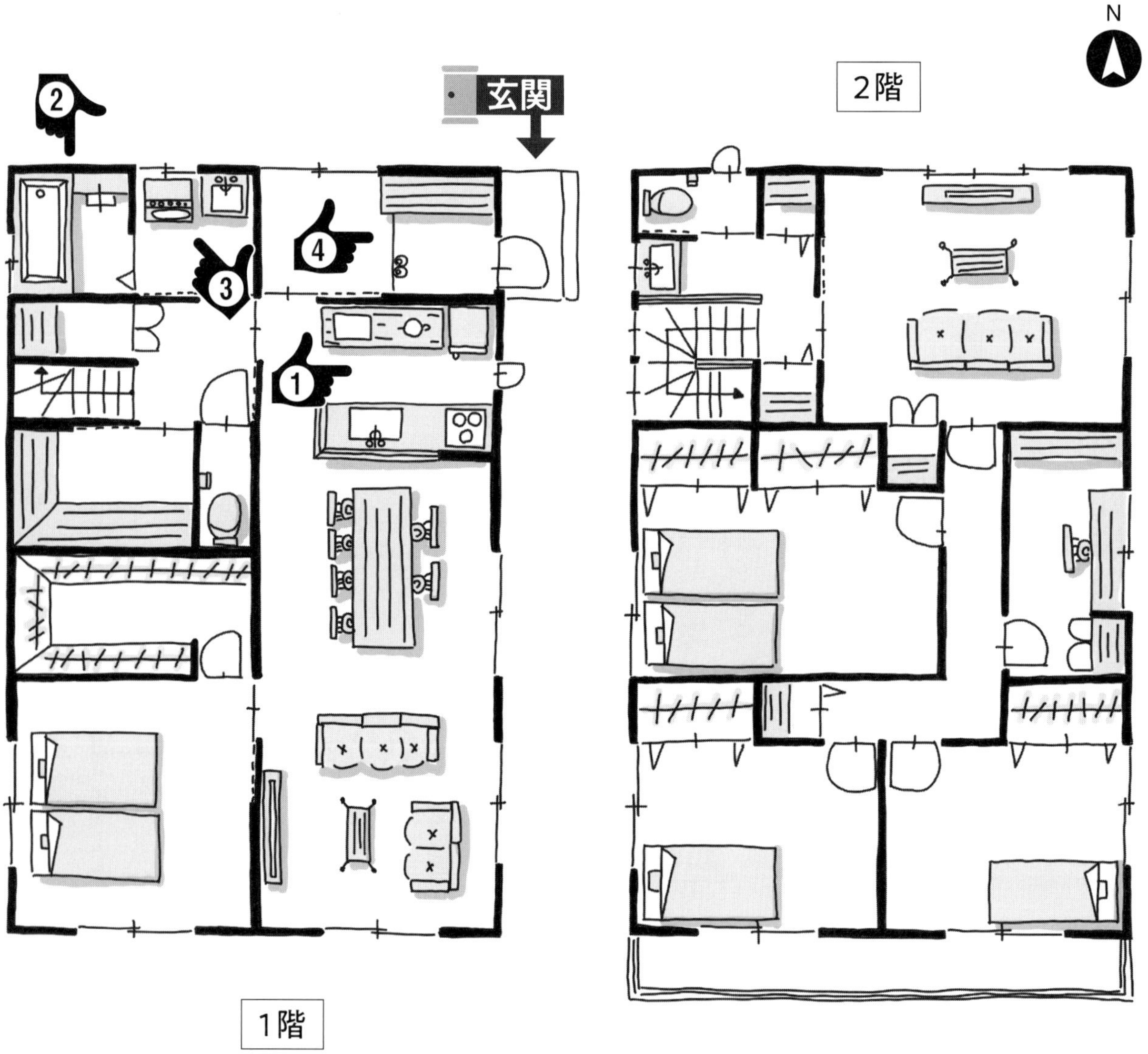

それぞれの暮らしを楽しめる家に

「悪い間取り」では、**キッチン①**も**浴室②**も**洗濯洗面室③**も1階にまとめられています。となるとキッチンの使い方、お風呂の順番、洗濯機を使うタイミング、すべてに気を使いそう。**玄関④**も1つしかないため、1階の親世帯のスペースを必ず通ることになるのもストレスフルです。

そこで**玄関を別々⑤**にし、**2階にもキッチン⑥**を。**浴室⑦**、**洗濯洗面室⑧**、**収納⑨**も、1階と同じ大きさで設置。ここまできっちりセパレートすることで、親は親、子どもは子ども、それぞれの人生を楽しんで生きられる二世帯住宅になるのです。

一方、1階のLDKには**テーブル⑩**をしつらえて、両家族が一緒に食事できる場所を確保。集まりたいときには、いつでも集まれます。

良い間取り　同じ大きさで、すべてが2つずつ！

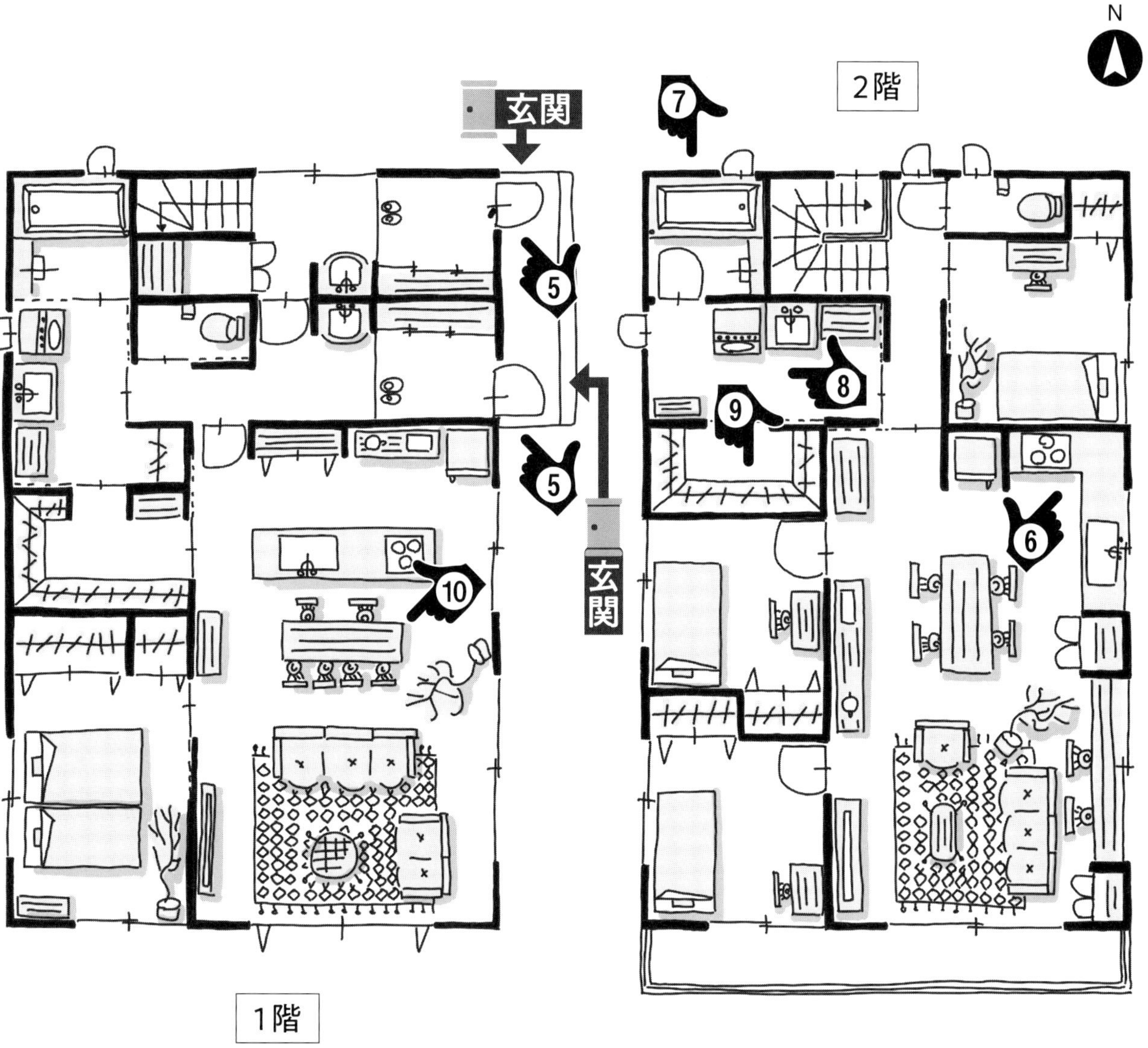

ケース 16
犬と一緒に住みにくい！

ワンちゃんは、猫のように家の中を歩きまわろうとはしないものの、家の「中と外」との行き来が多いですよね。毎日のお散歩がスムーズになり、収納がぐっと便利になる、一石二鳥のこんなプランはいかが？

悪い間取り　散歩のたびに玄関が汚れる

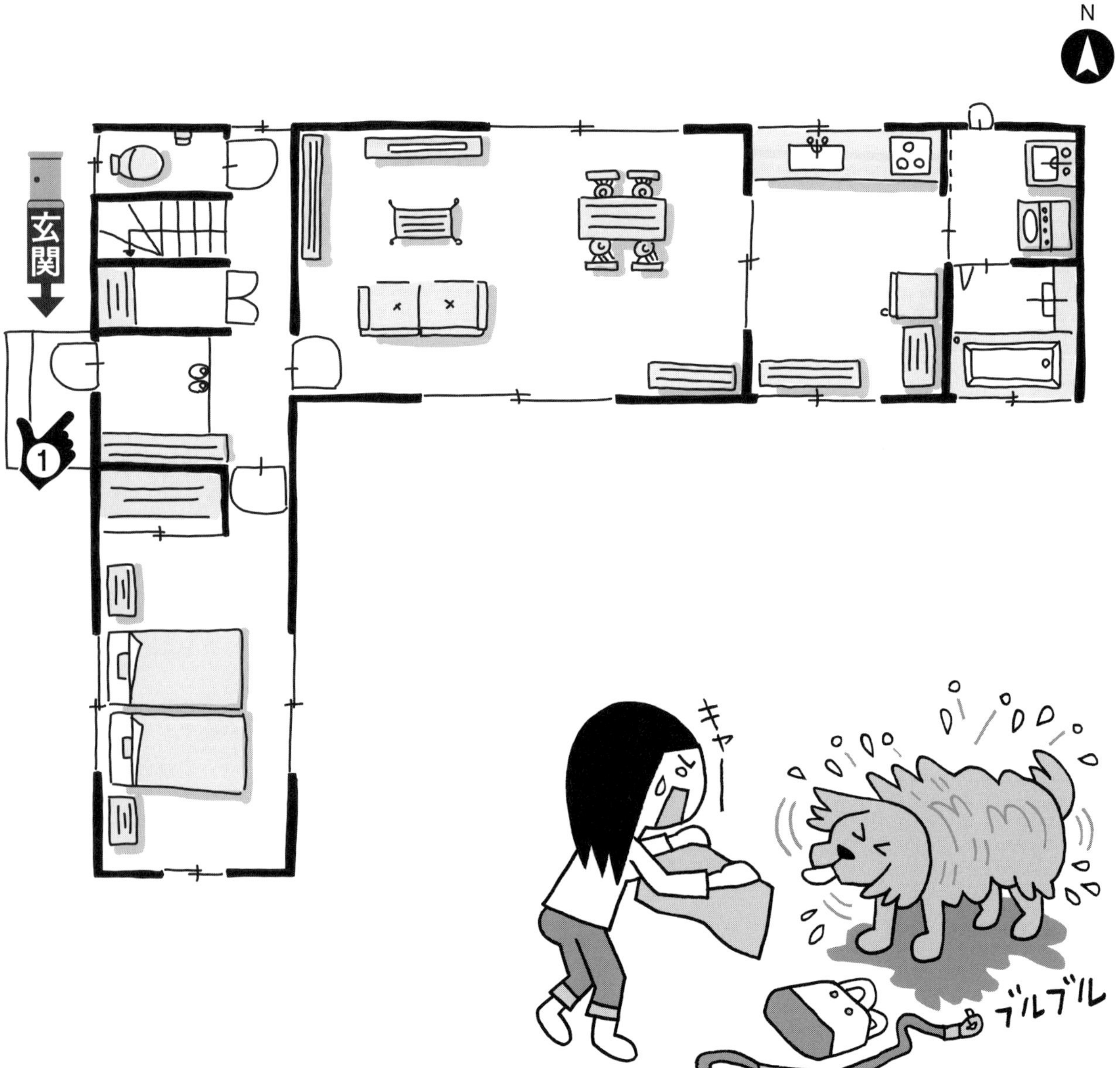

「ワンちゃん玄関」と土間収納を新設

ワンちゃんにとって欠かせない散歩。公園やドッグランで思い切り遊んだあと、家に帰ると……「また**玄関①**を掃除しなきゃ！」となるのはちょっと面倒ですよね。

そこで東側に、散歩専用の**勝手口と土間②**をつくってみました。ワンちゃん用の出入口のかたわらには、**小さな洗面台③**。ここで足をきれいにできます。この土間は、パントリーとしても大活躍。ワンちゃんグッズはもちろん、段ボールや掃除用品など、かさばるグッズをまとめて収納。**キッチン④**から近いので、じゃがいもやたまねぎのストックスペースとしても便利です。

お風呂と洗濯洗面室の境目は**引き戸⑤**にチェンジ。開けっぱなせば、ワンちゃんのシャンプーもスムーズに。

良い間取り　多機能な「ワンちゃん玄関」で解決

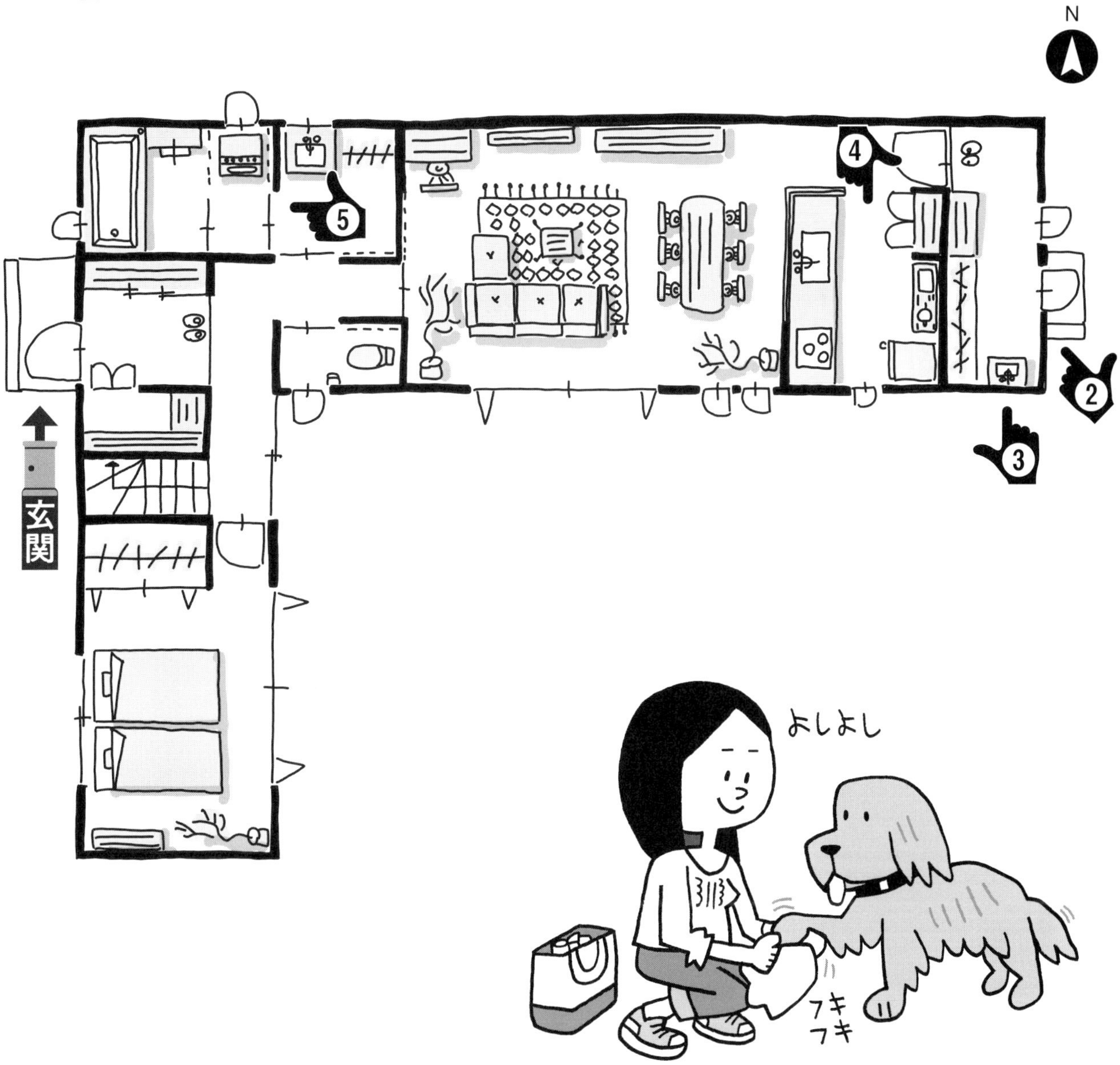

片づかない原因は、収納が少ないことと、適した場所に収納がないこと。たいていの場合、そうした家には「ほとんど使っていない部屋」があります。その部屋をなくして、収納に振り分けてみましょう。

ケース 17 すぐに散らかる！

悪い間取り　収納不足でモノがあふれ出る

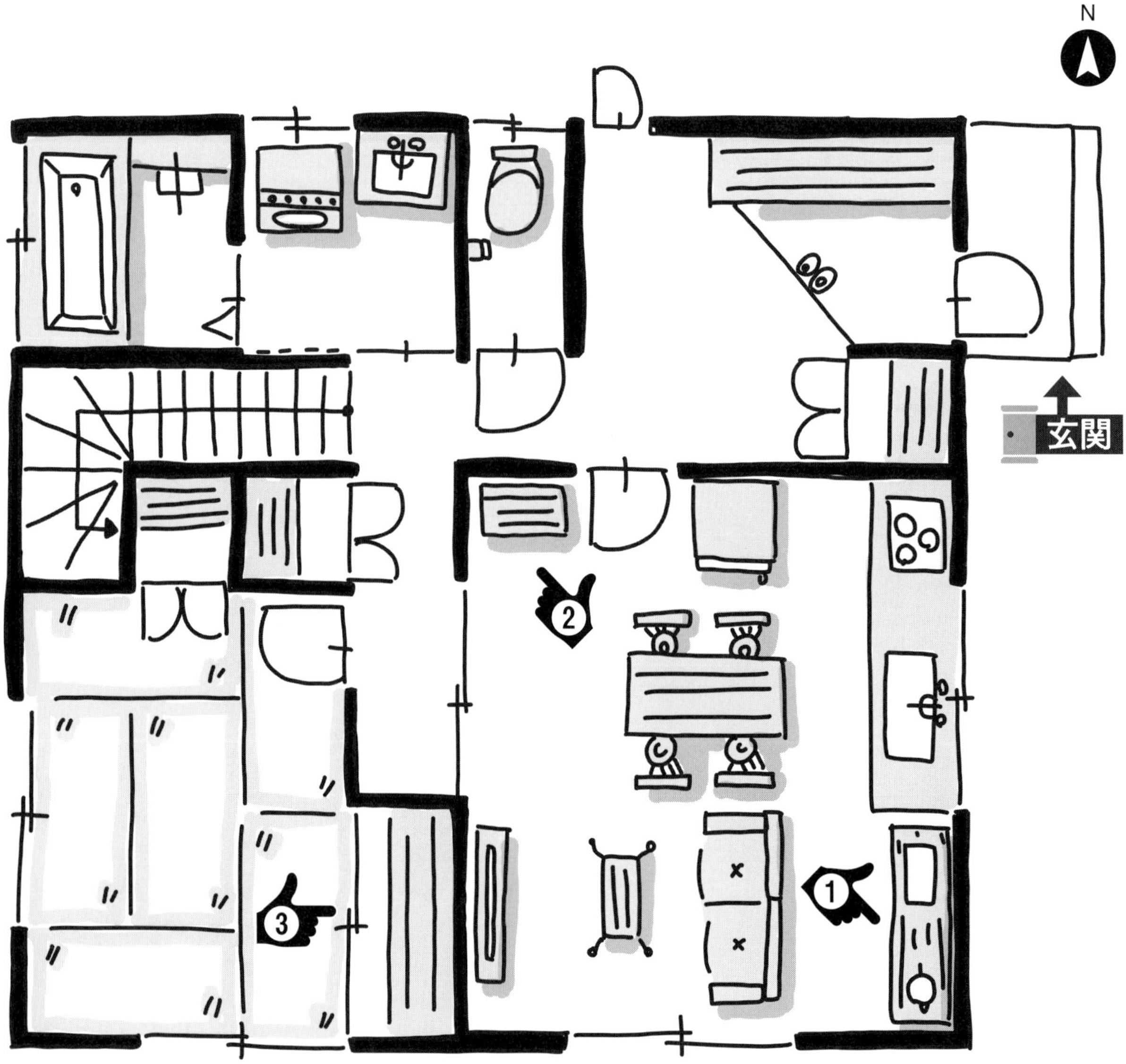

玄関→リビングの動線で全部片づく！

右ページの間取りは、あきらかに収納不足。**リビング収納①**と**ダイニング収納②**は「家具頼み」な上に、いちばん大きな収納が「**和室の押し入れ③**」。容量こそ大きいものの、使い勝手が良いとはいえません。

そこで、和室もＬＤＫ④に変え、場所ごとの役割に沿った収納を造設。キッチンには**パントリー⑤**、玄関には広い**ウォークインクローゼット⑥**。ゴルフバッグも釣りグッズも入れ放題、自転車を置けるスペースにもなります。もちろん、**洗濯洗面室⑦**のそばには**集合収納⑧**。

玄関から入って、持ち物をクローゼットへ。洗濯洗面室で手洗いと着替えをし、廊下を通ってリビングへ。グルリと一周しながら用事をすませることができる快適仕様です。

良い間取り　適材適所の収納を動線上に配置

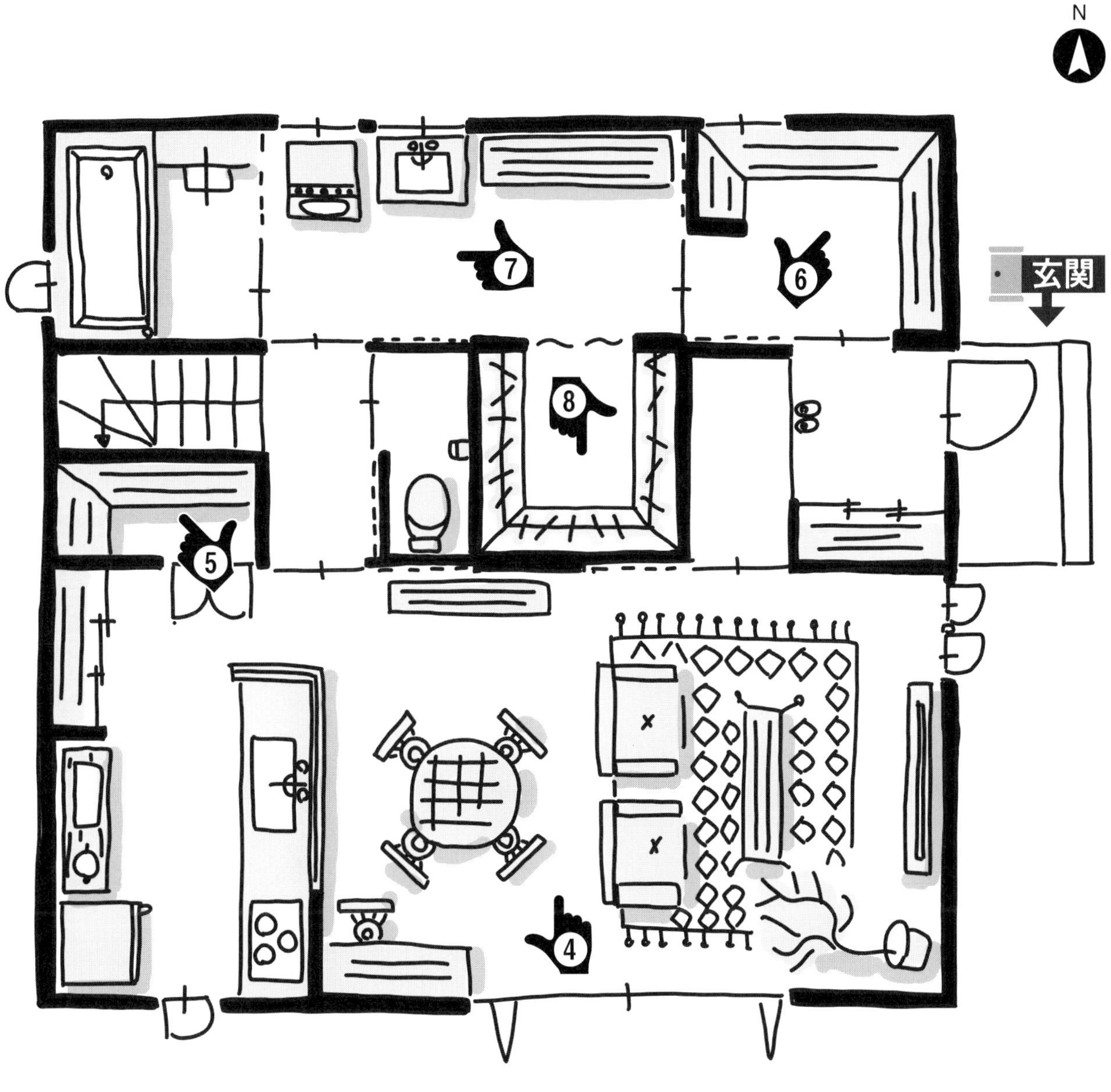

モノが収まりきらない！

ケース17と同じく、収納が少ない間取り。部屋数は多いけれど、そのぶんリビングやダイニングが狭苦しい印象に。ここも思い切って部屋を減らし、ゆったり使えてスッキリ片づく家に変身させましょう。

悪い間取り　収納の配置が悪く、部屋も狭い

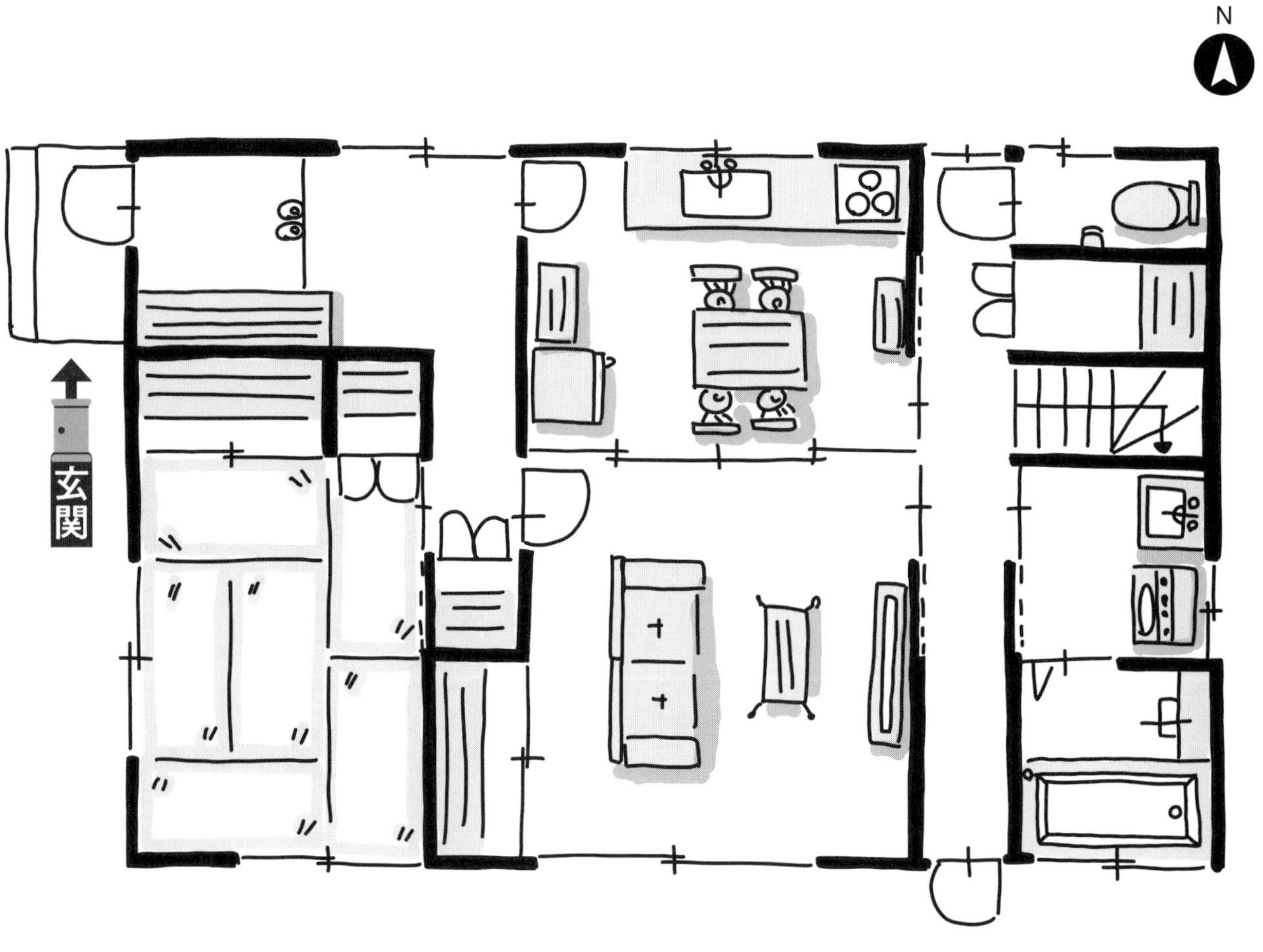

「好きなモノ」だけに囲まれた、新しい暮らし

こちらも、一部屋少なくして収納を増やすプラン。ケース17が回廊型なら、こちらは直進型。**玄関①**から入って**洗面台②**で手を洗い、**集合収納③**でカバンや上着を掛け、パパっと着替えて「ただいま～」！（逆方向に進めば「行ってきま～す」になります）。北側のほぼすべてを占める容量とあって、ほかにもあらゆる日用品が入ります。トイレットペーパー、ペットボトルの買い置き、放っておくとたまる通販の段ボールも。

子どもが独立した人なら、モノが減ったぶん日用品以外も置けます。これから何かを買い足していくなら、それは自分らしい、自分のためのモノ。愛するモノに囲まれる空間をつくる……とっても豊かな暮らしではないでしょうか。

良い間取り　北側の大容量収納にすべてが収まる

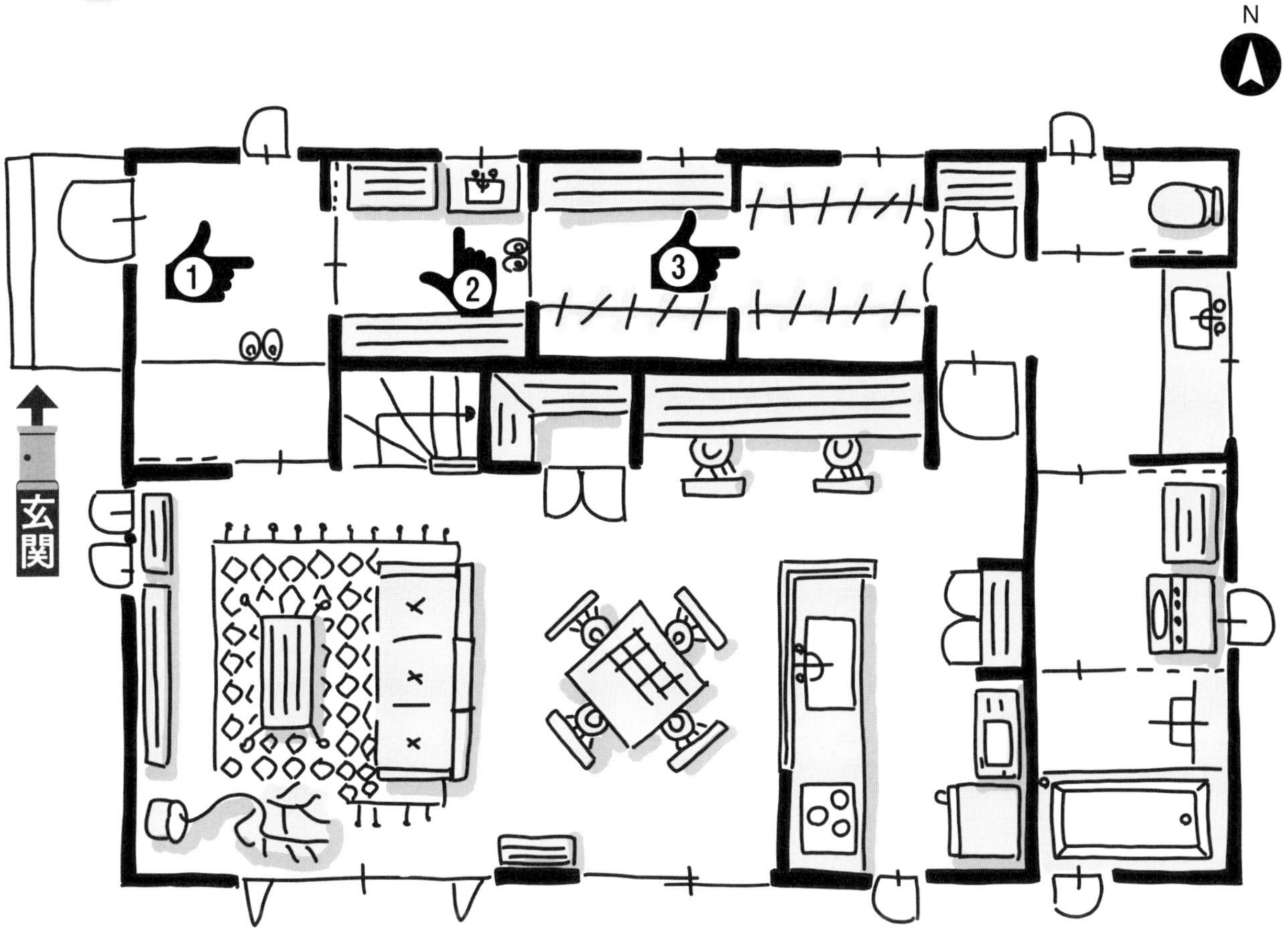

ケース 19

いつもスッキリ起きられない！

人の身体は、朝の光を浴びることで目覚めるのだそうです。でも、寝室が北西にあったら、朝日がまったく入らず、毎朝ドンヨリ。ここは、シャッキリ目覚める間取りに改造して、ついでに夜のゆったりもゲット！

悪い間取り　寝室は暗く、LDのくつろぎ感もイマイチ

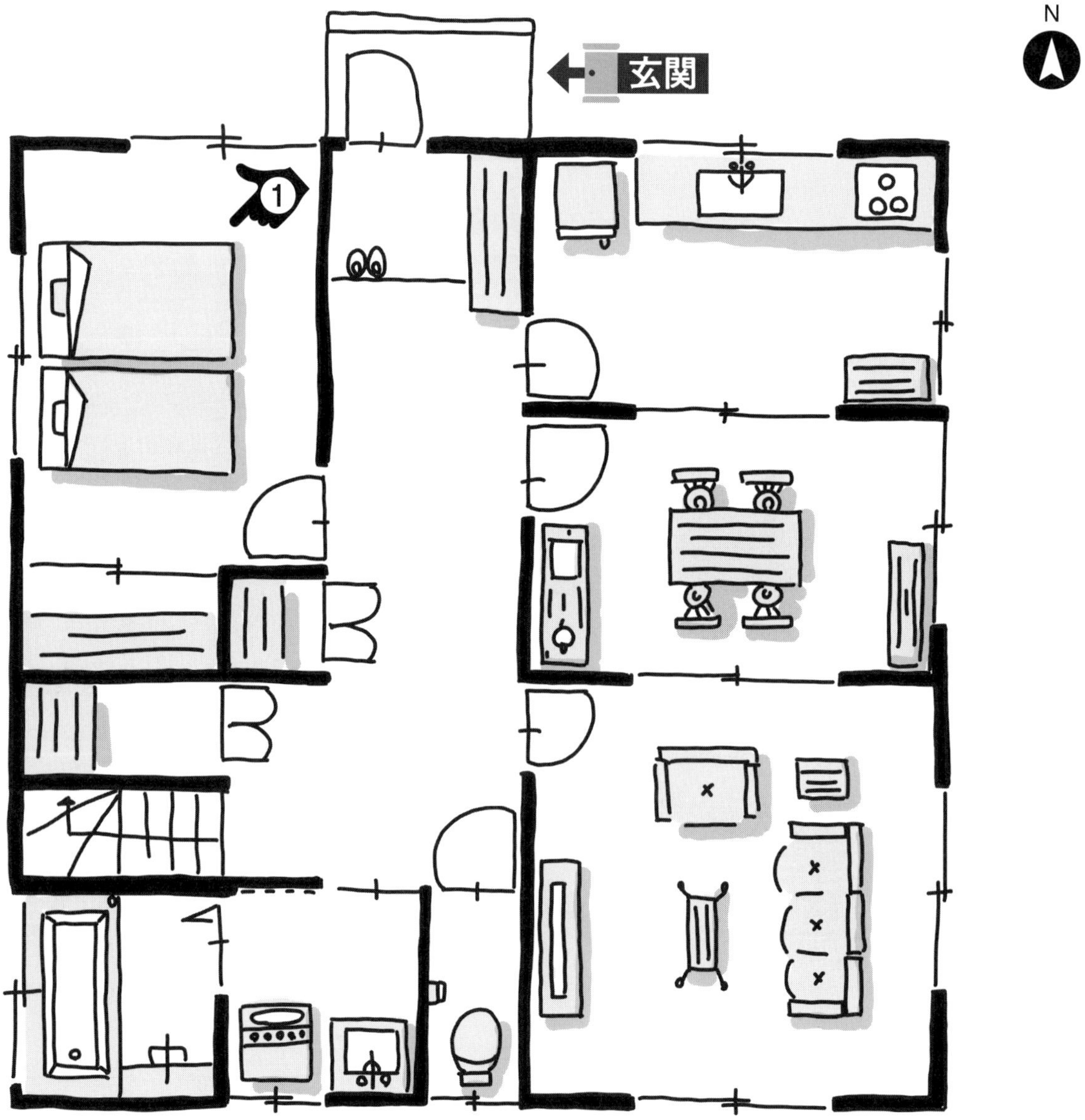

そばにいながら「個々」を保てる暮らしへ

日が昇ってもなかなか明るくならない、北西の**寝室①**。人の身体は光を感知することで目覚めるので、寝室は南側にあったほうがベター。いちばん朝日が入る南東の**寝室②**なら冬でもシャキッと起きられます。

良い眠りを得るために、夕方～夜の時間をリラックスして過ごすことも大事。その点、右ページの間取りは「1人きりになれる場所」が皆無。たとえ仲良し夫婦でも、少々疲れます。対して、リフォーム後の間取りはパーソナルスペースがきっちり。**ソファ③**は1人掛け、**カウンター④**も1人ずつ座る方式。そばにいながら相手を気にせず、好きなことができる部屋は自由度も安心感も満点。カウンターの曲線や植物の緑にも癒されるくつろぎ空間です。

良い間取り　寝室には朝日、LDにはパーソナルスペース

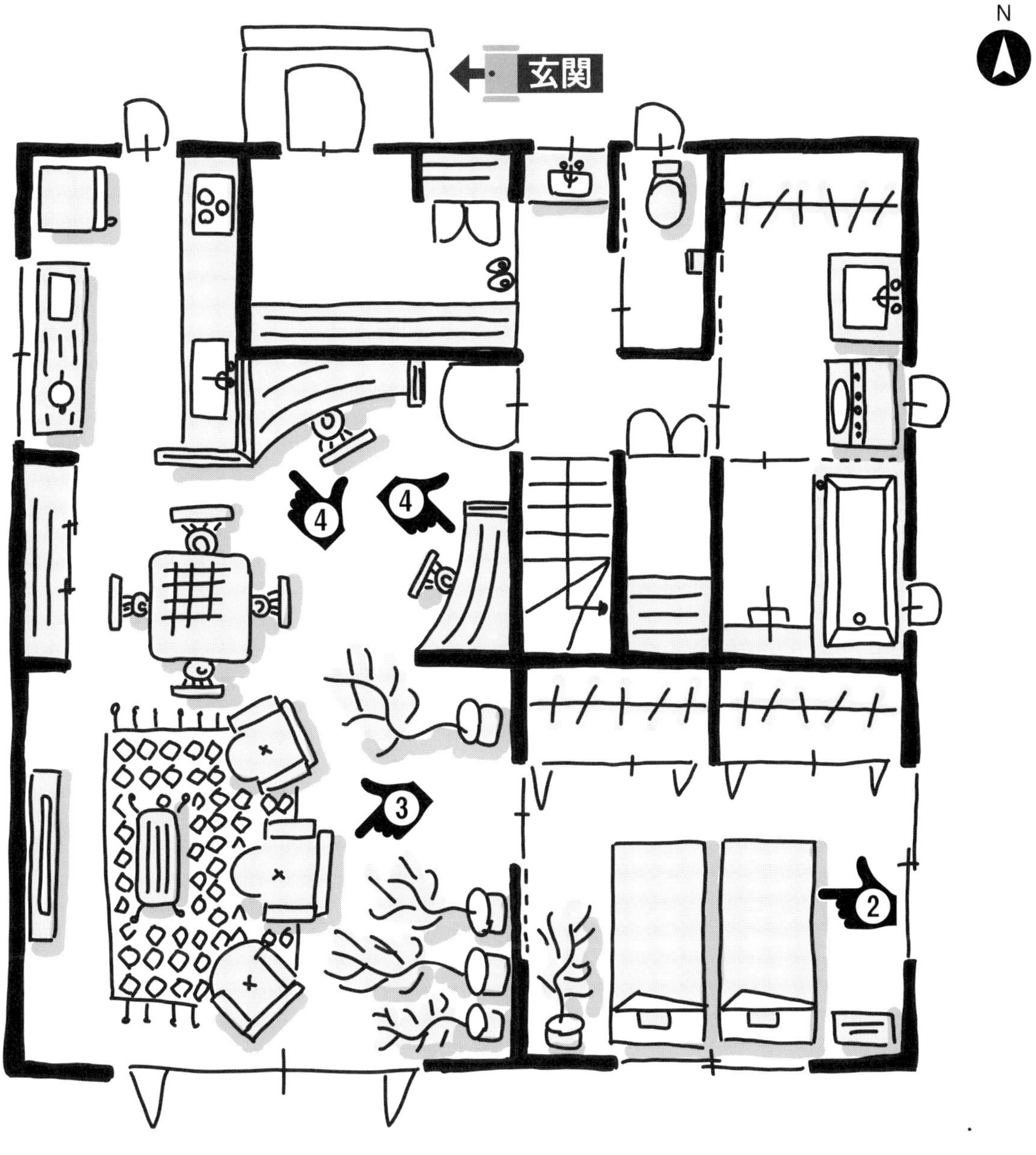

ケース 20

子や孫の遊び場がない！

子どもが孫をつれて遊びにきた、というシーンで「孫が遊べるスペースがない！」と困るのはよくある話。そんなときに役立つのが、広い土間スペース。孫だけでなく、3世代で楽しめる工夫がいっぱいです。

悪い間取り　家に「大人用の場所」しかない

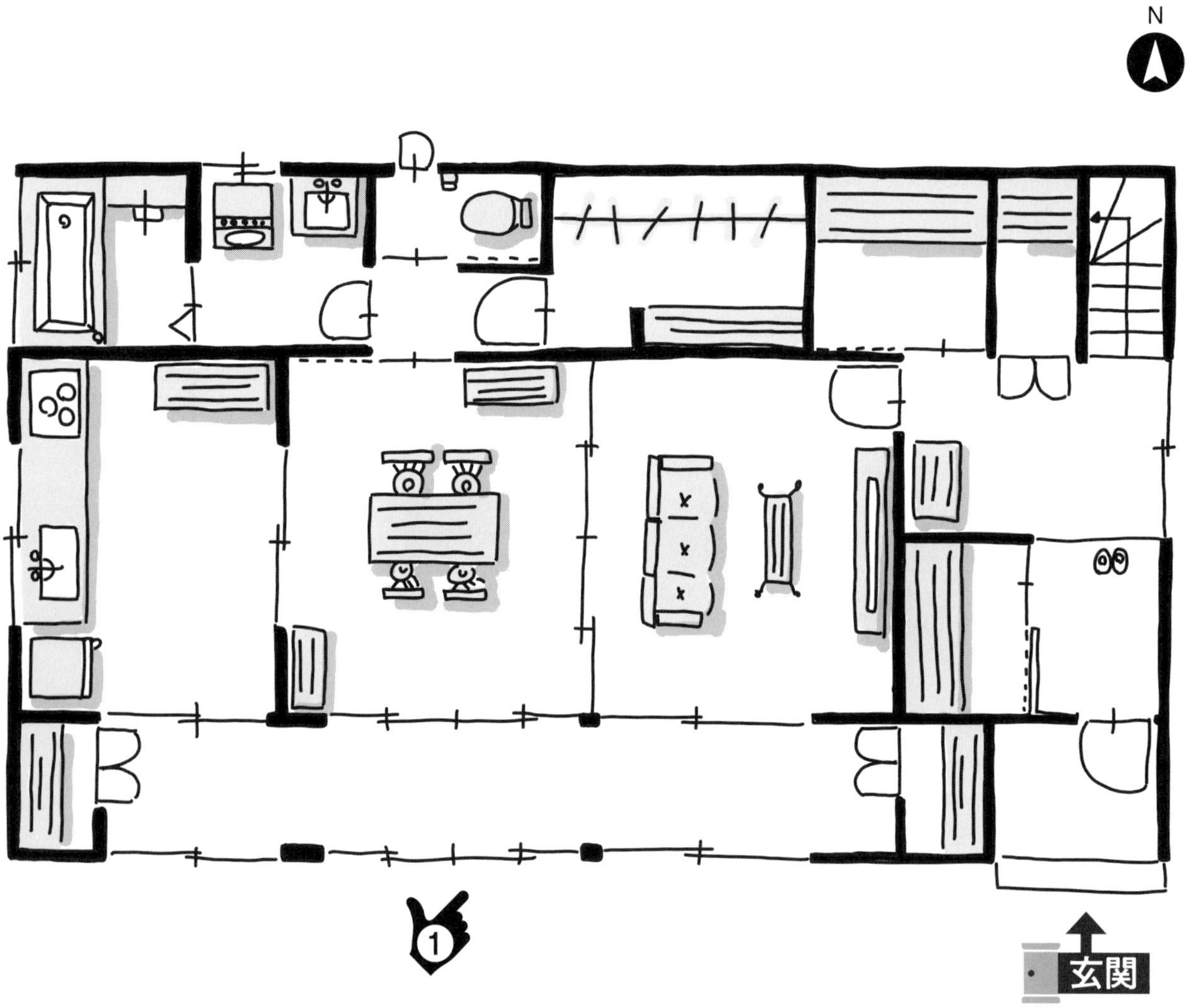

気軽に立ち寄れる令和の「サザエさん宅」

夫婦2人の暮らしが長くなり、家が「大人仕様」になっていくと、孫が遊びに来たときに困りますね。**縁側①**を「**土間②**」に変えて、みんなの憩いの場にしてはどうでしょう？

孫の遊び場以外にも、用途はいろいろ。自転車の手入れをするもよし、**テーブルスペース③**でくつろぐもよし。靴のままティータイムを楽しめるなんて、オシャレでしょう？

同時に、サザエさんの世界のような懐かしさも。ご近所さんが気軽に立ち寄っておしゃべりに花を咲かせる、といった風景が見られなくなって久しいですが、実は今、家は再び「外の人と交流できる場」に回帰しようとしています。その流れに、一足早く乗ってみるのも面白いかもしれませんよ。

良い間取り　靴で歩ける広い土間スペースが遊び場に

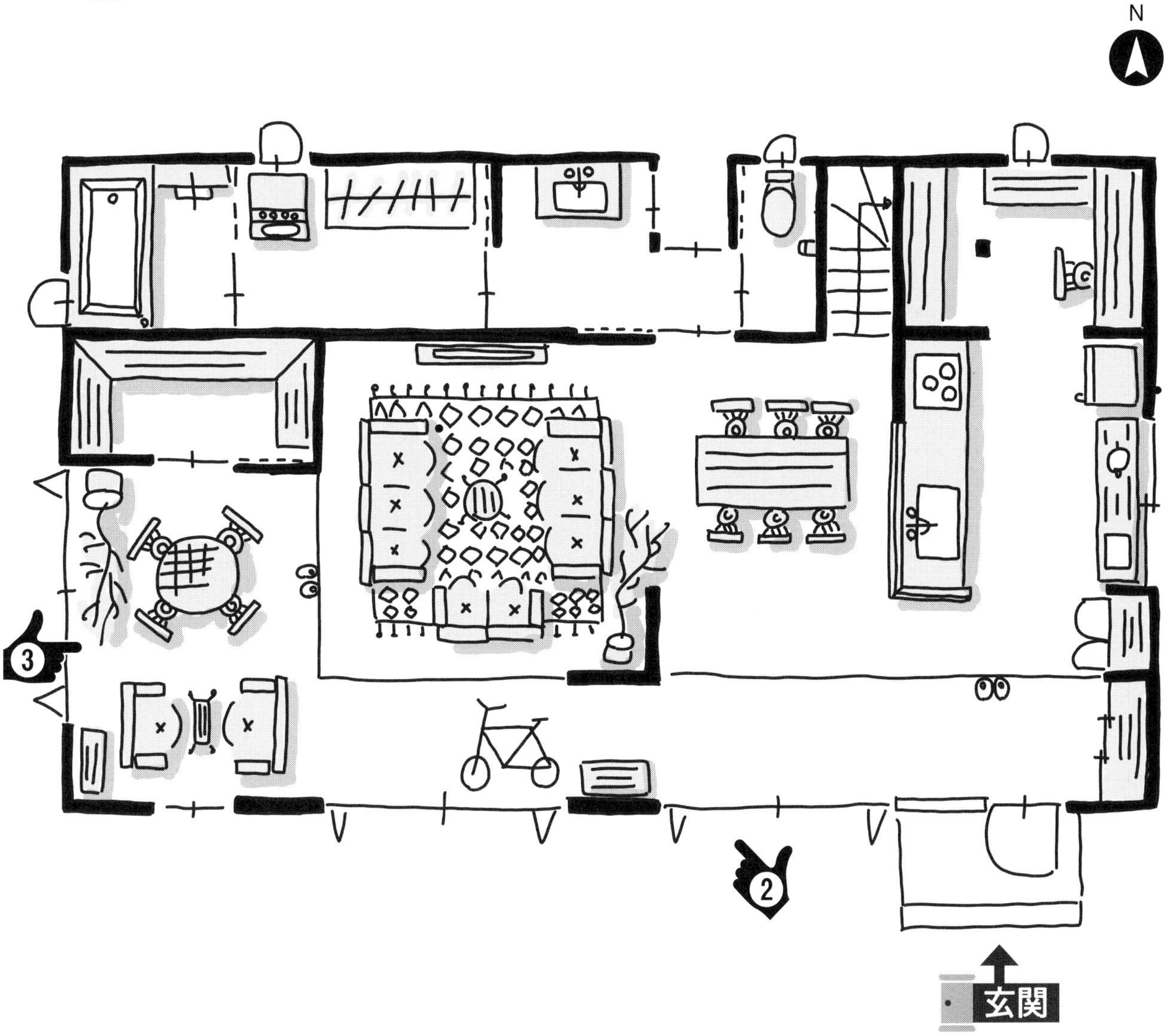

ケース 21

地震がきたら怖い！

「窓は大きいほど良い」という考えはもう古い。光の入り具合はもっと多様に楽しめますし、そもそも窓が多くて壁が少ないと、地震に弱くなります。壁を増やしつつ、光を楽しめる家に変身させましょう！

悪い間取り　縦方向にも横方向にも壁が少ない

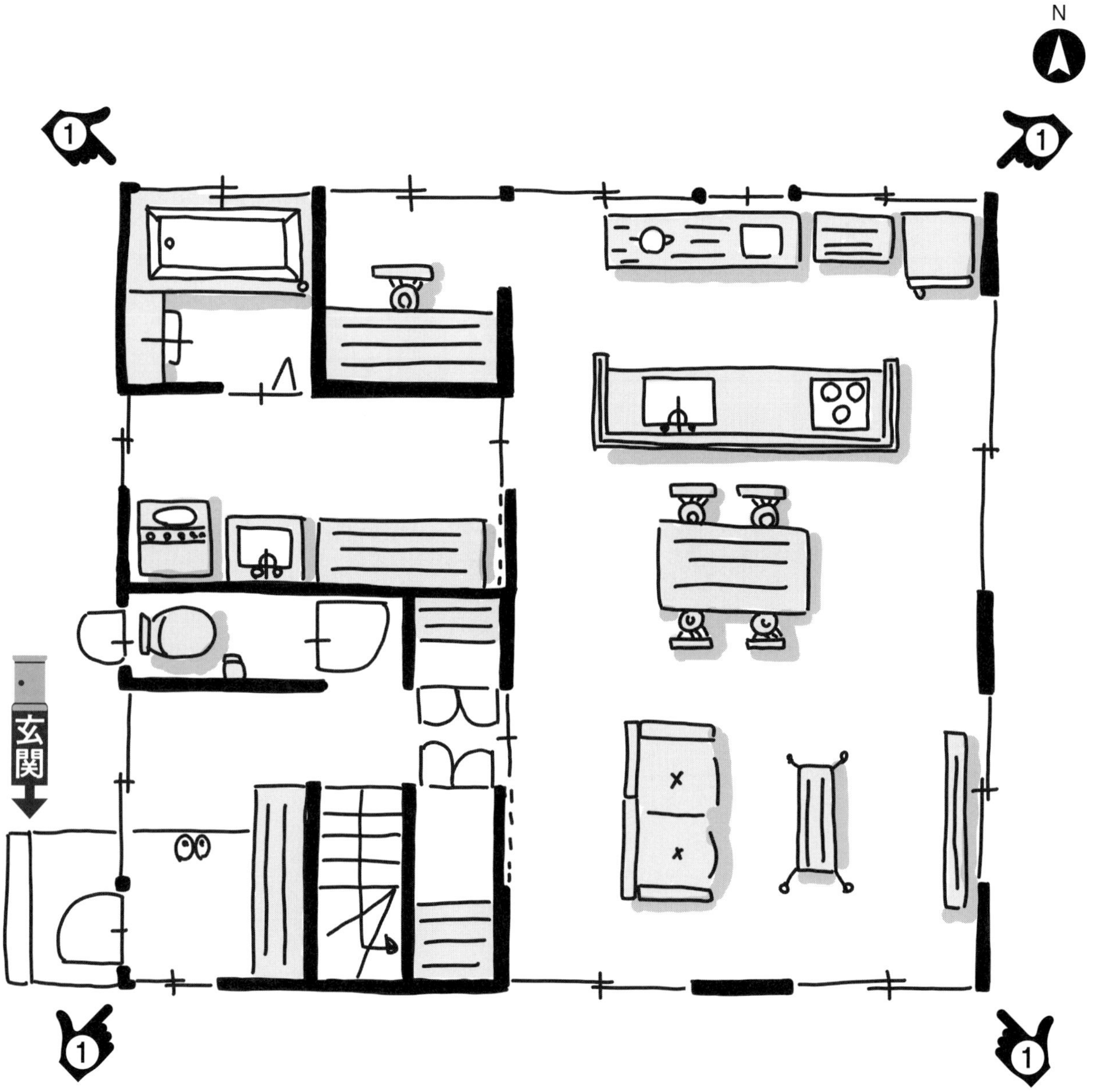

安心の耐力壁。小さな窓の演出力も◎

「うちは窓が多くて、明るいのはいいのだけれど、地震に耐えられるのかしら?」と不安になる人は少なくありません。

地震に強い家の必須条件は、「耐力壁」がしっかりしていること。**家の四隅①**をはじめ、角っこの部分を**支える壁②**が必要なのです。また、その壁は縦方向・横方向の支える力が均等であることが必須。そうでないと地震のとき、ねじれるような形で崩れてしまうのです。

改良後の間取りは、そこを完璧にクリア（構造計算もしてあります）。北側の中央近辺にも**縦方向の壁③**をキッチンと連結させ、目隠し機能もアップ。西側には、カウンターの前に**カフェ窓④**を。大きな窓より安全で、しかもかわいさ満点！

良い間取り　四隅・縦・横をしっかり補強

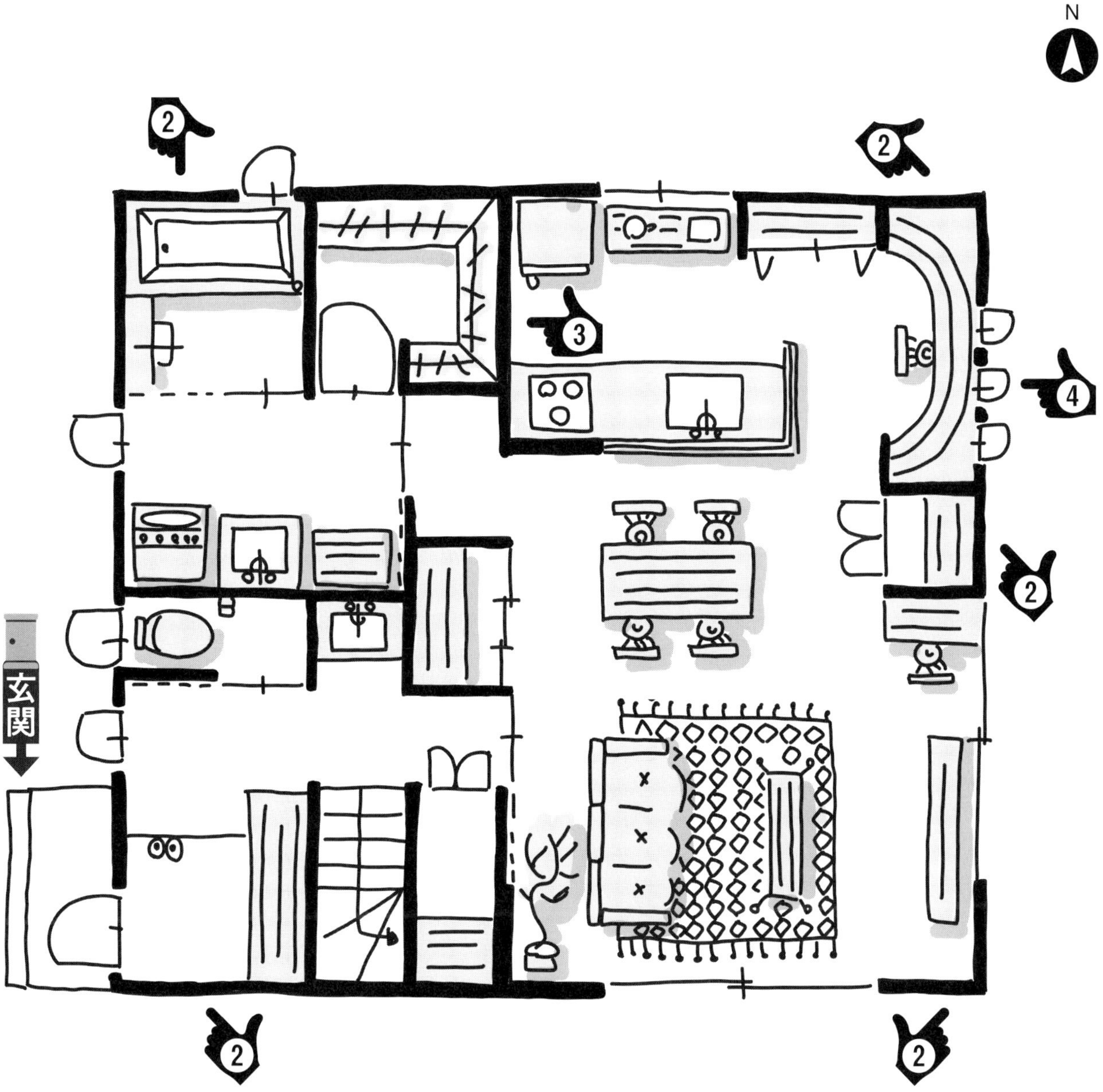

ケース **22**

車椅子で生活しにくい！

老親を家に呼ぶとき、もしくは配偶者や自分自身が老いたとき、暮らしは大きく変わります。小さな段差、出入口の幅、さまざまな障壁をクリアして、安全・快適に暮らすために必要なことは……？

悪い間取り　どの出入口にも車椅子が入らない

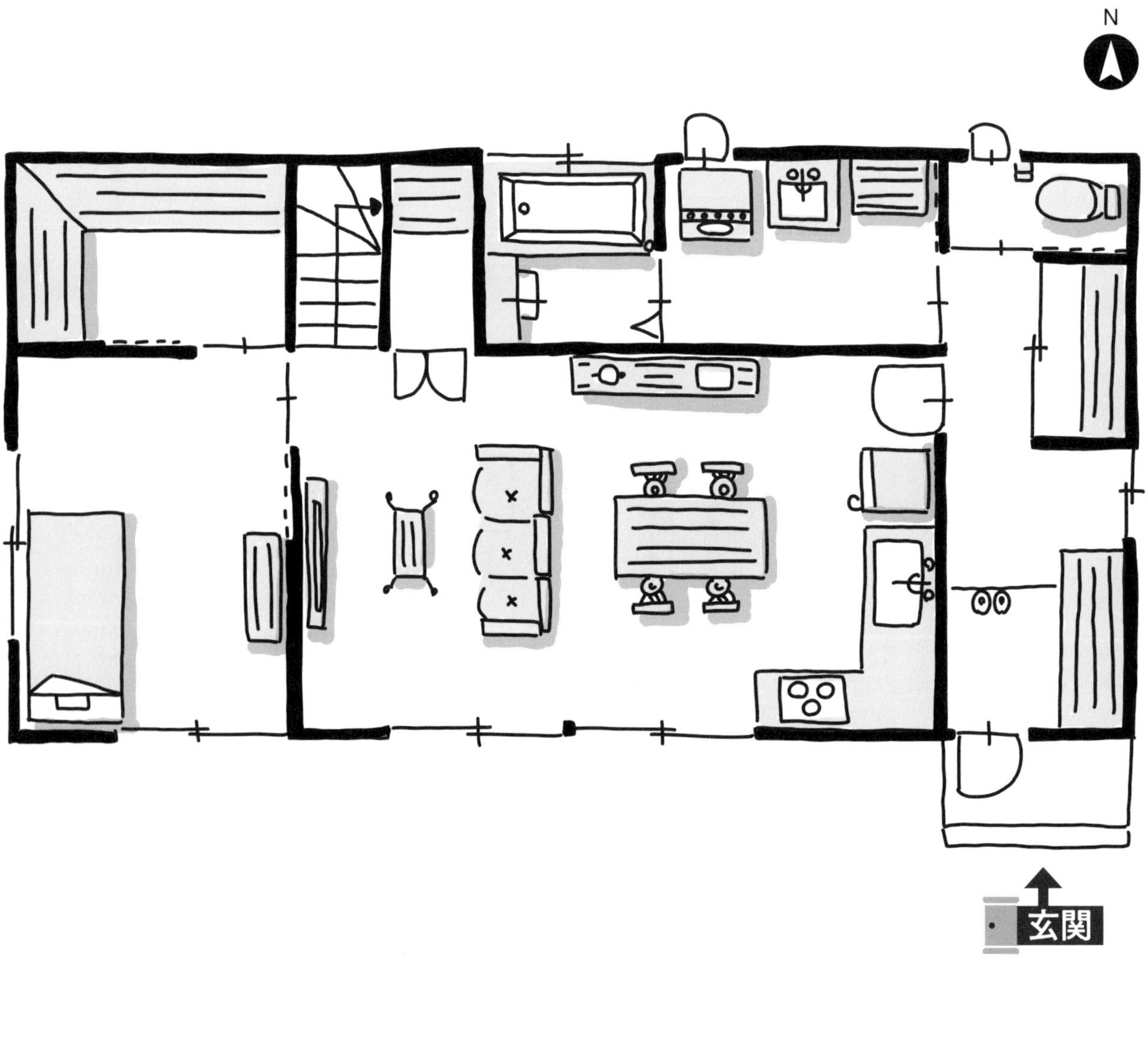

車椅子で回遊できるウォークスルー空間

車椅子で生活するときの障壁は、「段差」と「幅」。その点、日本の住宅はあまり車椅子に優しくありません。

木造住宅をつくるときの基本単位は「910ミリ」。それが2つぶん、3つぶん、というふうに長さを決めていくのが標準的なつくり方です。ちなみにトイレの幅は1つぶん＝91センチ。柱の太さを考えると実質78センチ。これでは車椅子も歩行器も入りません。

この家の出入口は1メートル20センチ幅の特別規格。扉は全部**引き戸①**になっています。**玄関のスロープ②**から家の中まで、段差は皆無。**ダイニング③**と**キッチン④**をグルッと回遊できます。**洗濯洗面室・脱衣所⑤**および浴室の入口も広く、介護する人・される人、双方が快適です。

良い間取り　出入口の幅を広く、扉は引き戸、段差はゼロ

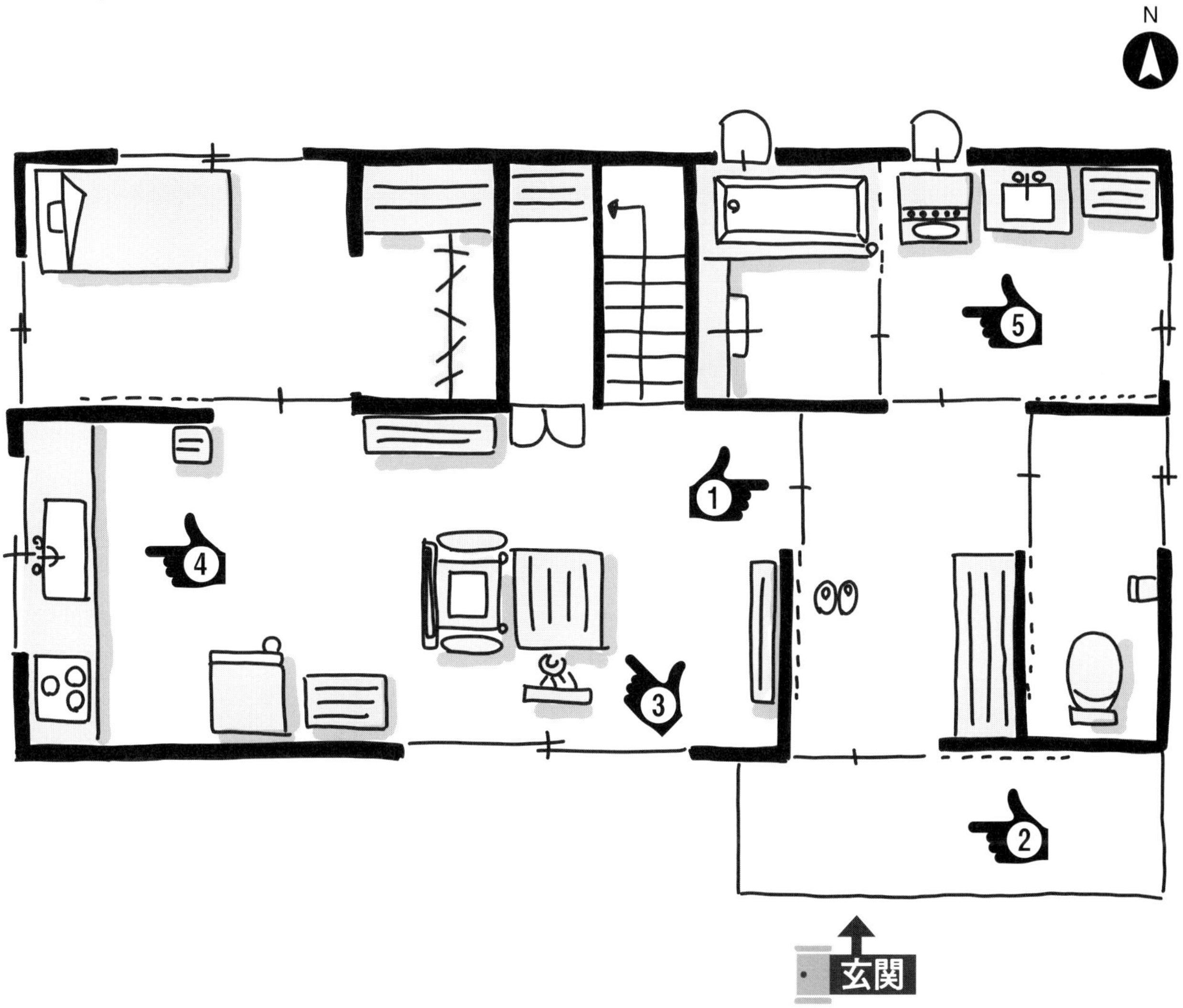

ケース 23

2階に上がるのがつらい！

年々、ハードになっていく階段の上り下り。10年後、20年後を見越して、1階だけで生活が完結する住まいに変えておくと安心です。安全でコンパクト、そして彩り豊かな空間づくりの極意とは？

悪い間取り　寝室が2階にあり、階段がつらい

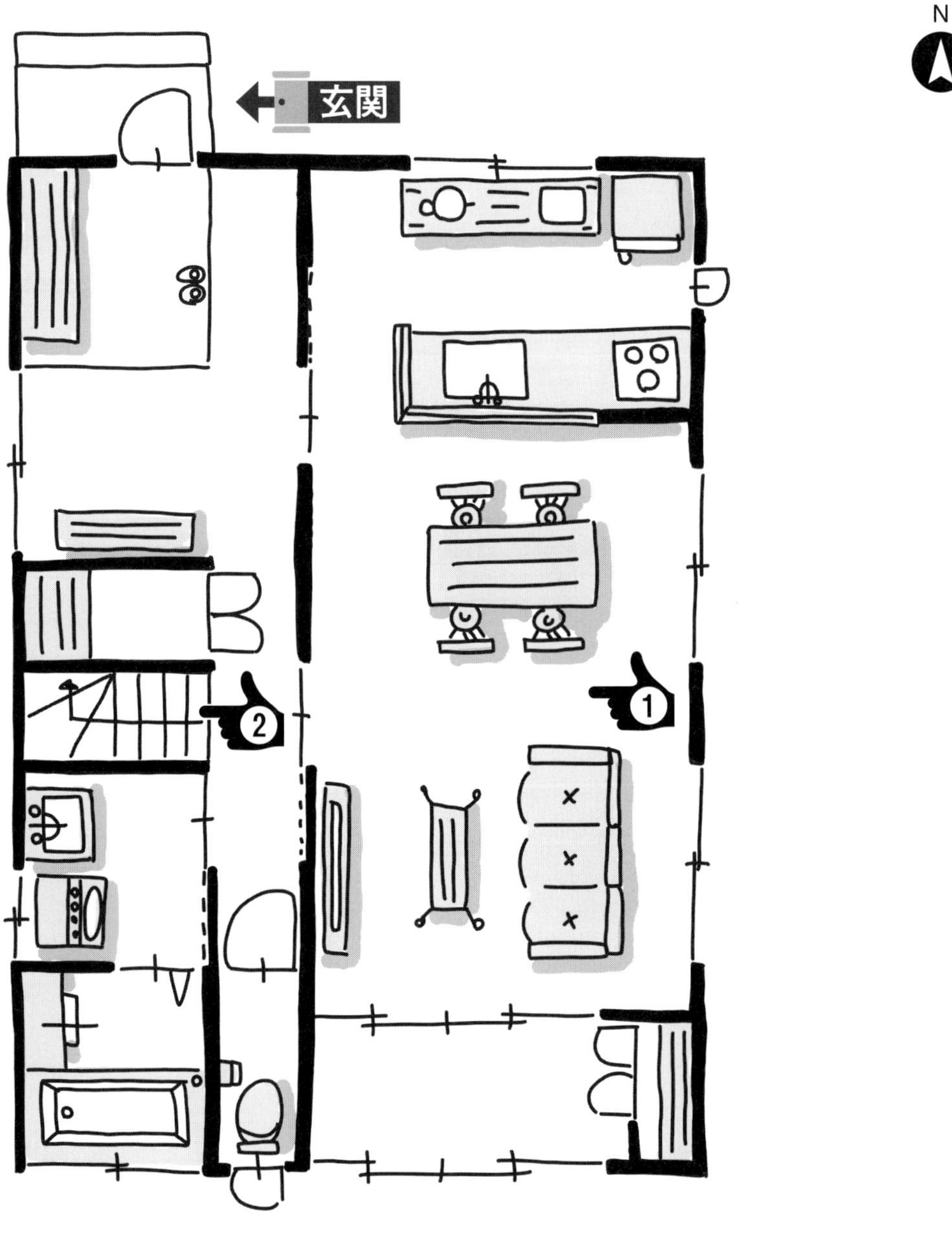

モノを絞り込んで「1部屋」で楽しむ

もともとの間取りは、1階は**LDK①**のみ、寝室は2階にありました。しかし年齢を重ねるにつれ、**階段②**の上り下りはつらくなるもの。事故のリスクも年々増してきます。

そこで、2階の**寝室③**を1階に移し、1階で生活が完結する形に。さらに、**脱衣室・洗濯洗面室④**を大幅に拡張。

少しコンパクトになった**LDK⑤**は、モノを増やさないのがコツです。なんでも「収納頼み」にせず、「好きなモノだけ」に絞り込むのが吉。すると、視界に入る景色が「愛せる景色」になって、前よりも気持ちがウキウキします。なお、2階はゲストルームとして活用できます。子どもが来たときはもちろん、泊りがけでお客さまを招待するのもいいですね。

良い間取り　1階だけで生活が完結！

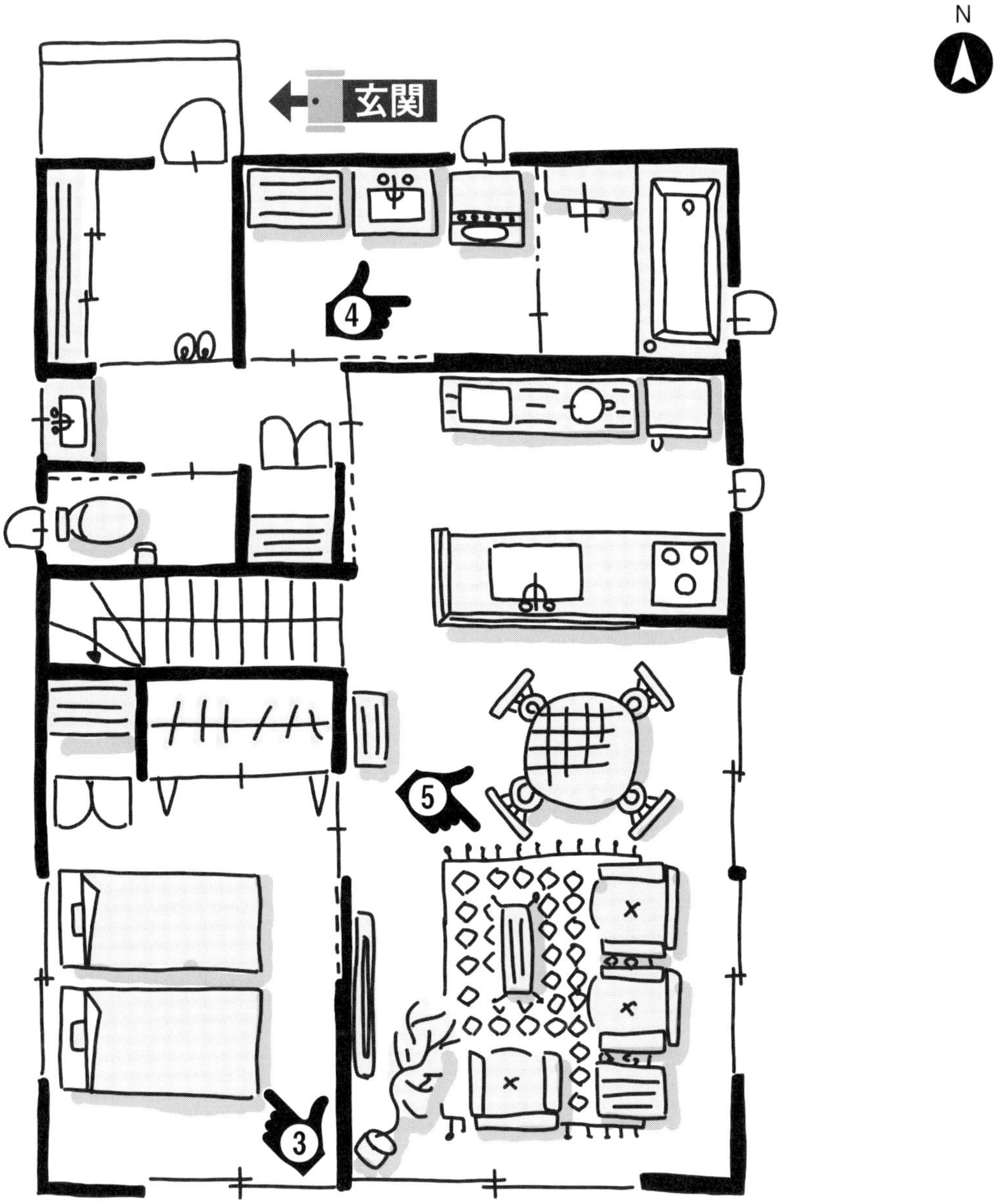

ケース 24 廊下が長いマンション

マンションの間取りでよくあるのが、玄関からず〜っと続く廊下。「ただいま」とドアを開けたとき、細長く壁とドアだけが見えるのは少々味気ないですね。「おかえり感」を感じられる間取りに変身させましょう！

悪い間取り　玄関を入って見える風景が「壁だけ」

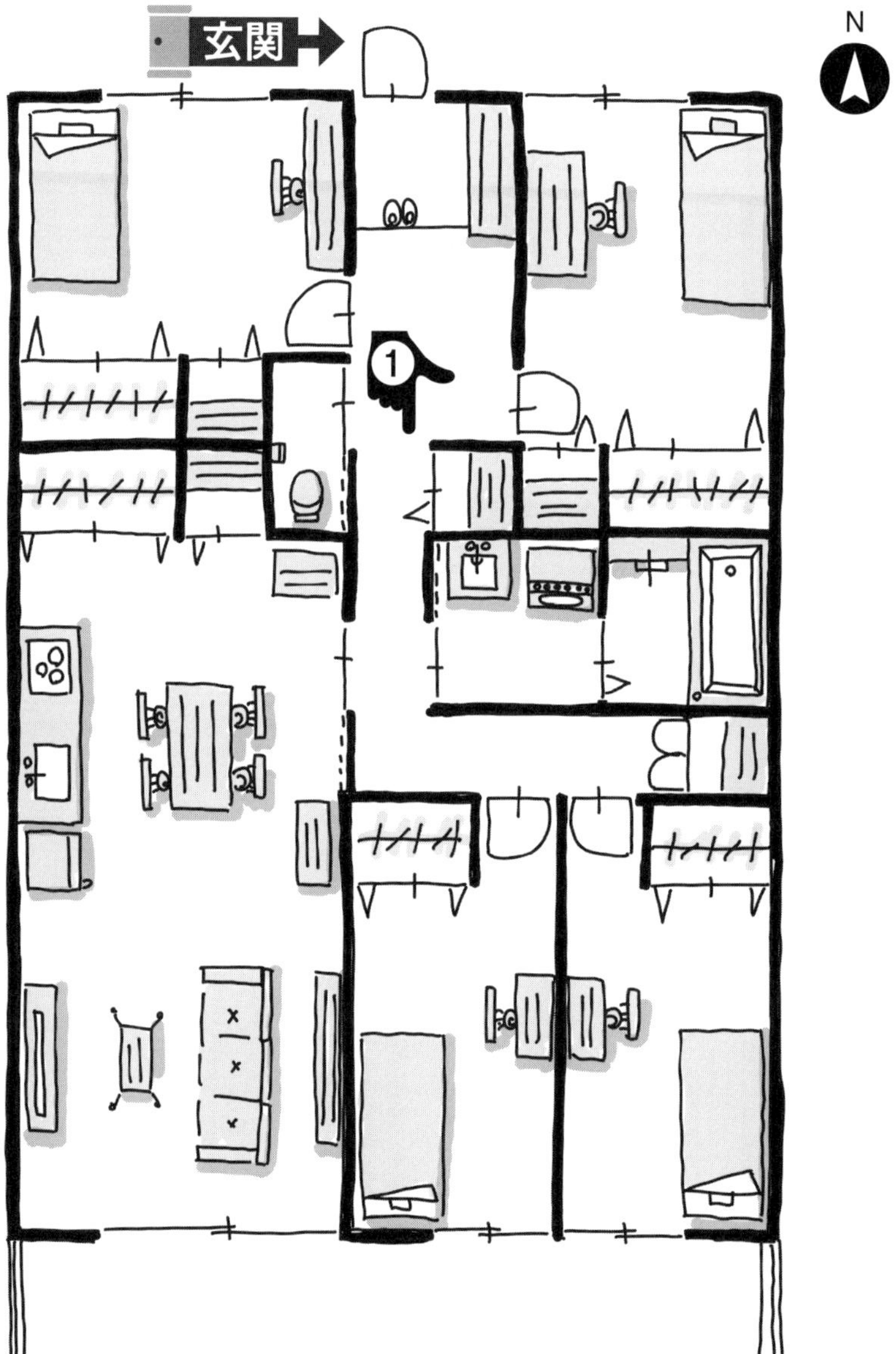

廊下をなくしたら収納の便利さが倍増

平成期のマンションに多い、玄関から長く**廊下①**が伸びる間取りは少々「温かみ不足」と感じませんか？

全部の部屋に収納があるのもこのタイプのマンションの特徴ですが、洗濯物をあちこちにしまいに行ったりするのはちょっと面倒ですよね。

この2つの問題を、同時に解決しましょう。まず、廊下をなくして**LDK②**の間口を広げ、玄関との距離を近づけます。南の個室2部屋は、南北縦並びに。2部屋の間には、近年マンションリノベーションで人気急上昇中の「**室内窓③**」で換気を確保し、おしゃれ度アップ。そして個別の収納を減らしたぶん、大きな**集合収納④**が出現。洗濯物の片づけは楽チン、LDKから部屋に戻らずサッと身支度できるのもハッピー！

良い間取り　LDKにいる家族の気配が、ぐっと近くに

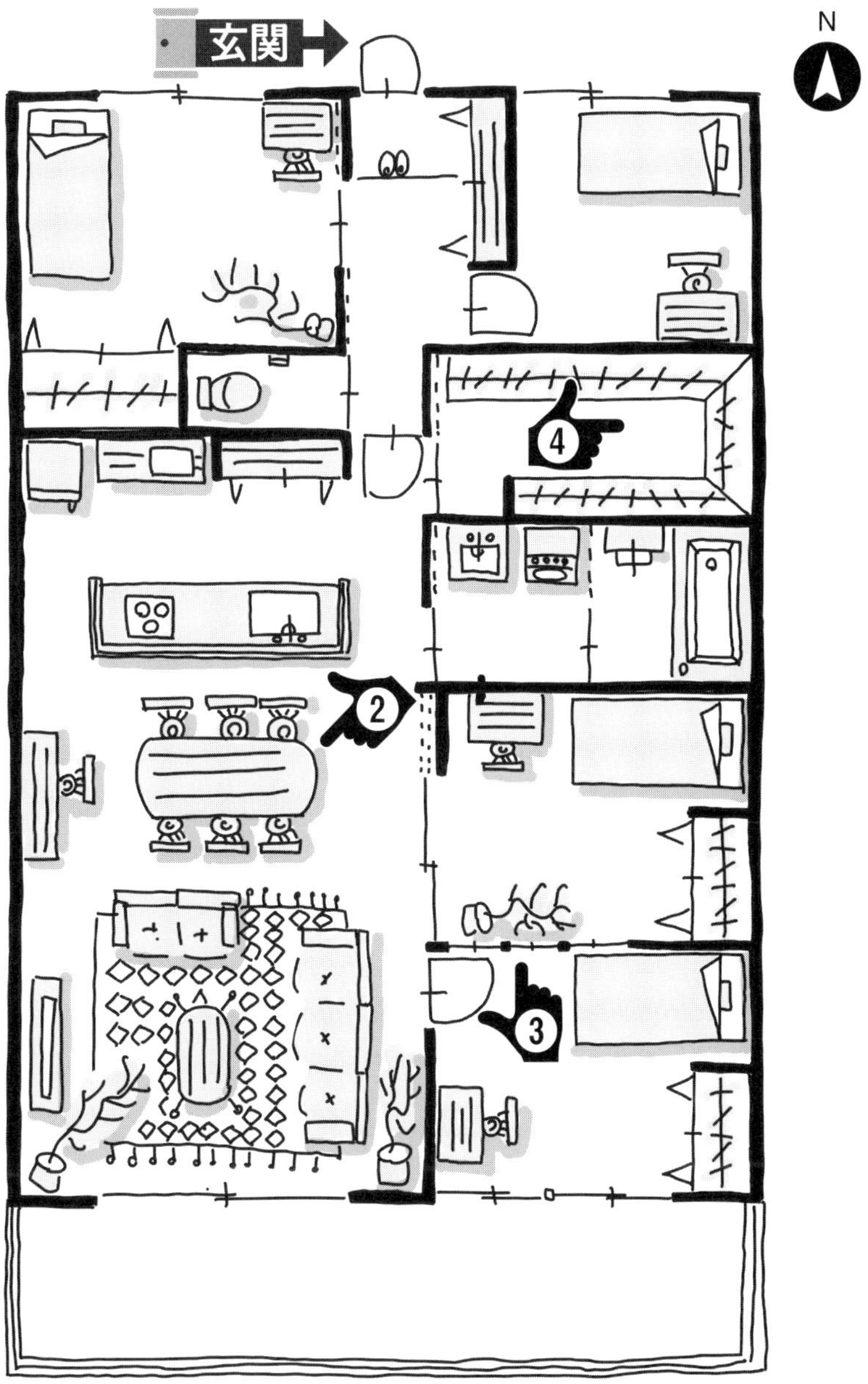

ケース 25
開放感がない！

和室ありの3LDKマンションは、平成期のもっともポピュラーな間取りといえるでしょう。でもこのタイプの間取りは扉がやたらと多く、閉塞感強め。無機的な雰囲気も、改善したいところです。

悪い間取り　扉が視界をさえぎり、狭苦しい印象

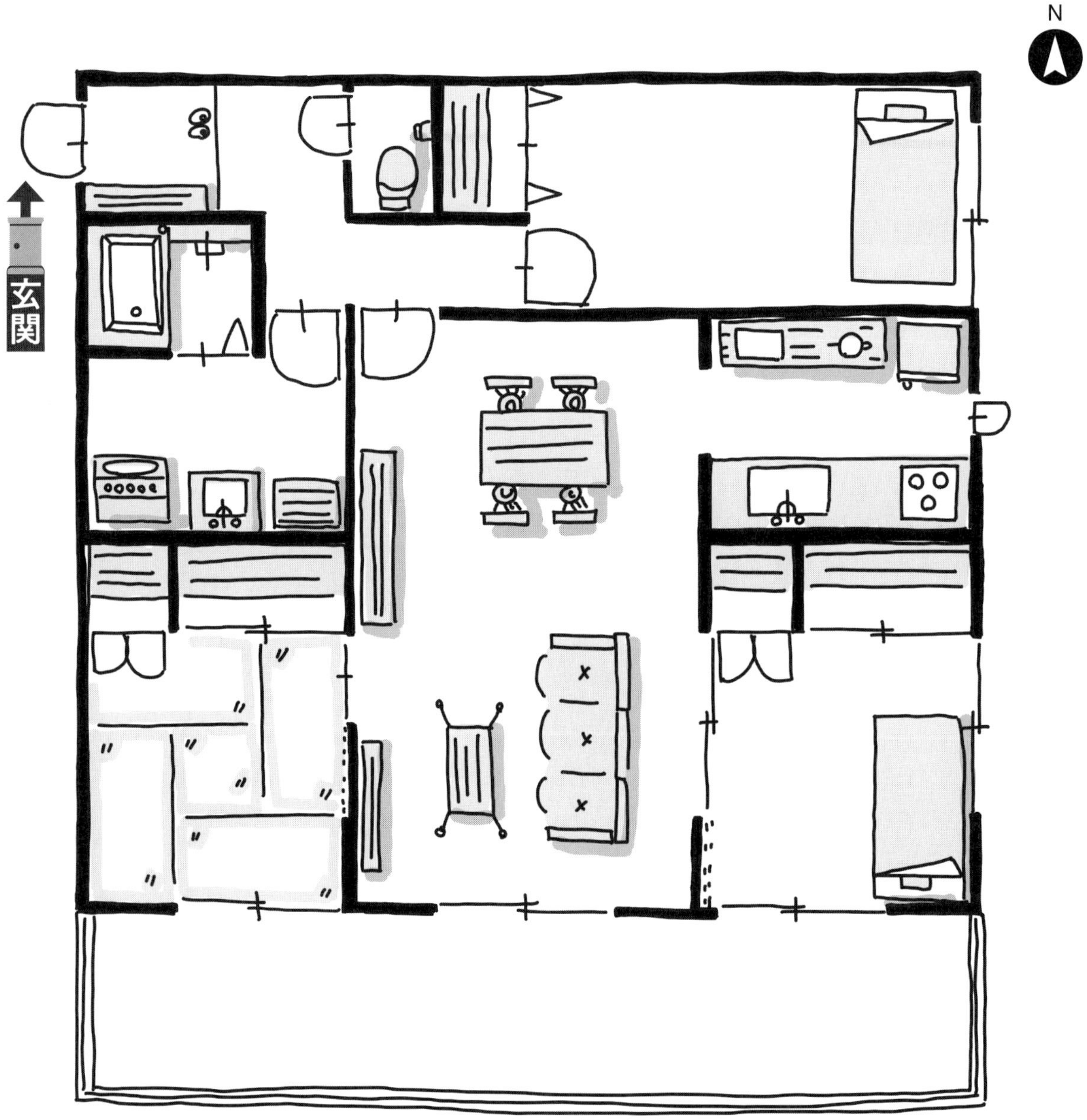

無個性なマンションがホテルライクな空間に

マンションによくある3LDKの間取り。使い勝手が悪いわけではないけれど、扉が多く、各部屋が遮断されがち。LDにいても、目に入る景色が単調です。

そこで和室をなくし、キッチンと寝室の位置を変えてみると……「愛想ナシ」の部屋が、さまざまな表情を持つ空間に変わりました。柔らかなカーブを描く**カウンタースペース①**、**ダイニングセットとソファ②**に加えて、**「しっとり飲む用」の一角③**も。ちなみに、LDKと寝室を区切るのは、扉ではなく「**カーテン④**」です。この部屋、何かを思い出させませんか？　そう、ホテルのような空間なのです。間接照明をうまく活用すれば雰囲気満点。我が家が極上のスイートルームに！

良い間取り　子どもが巣立ったら部屋を減らし、遊び心をプラス

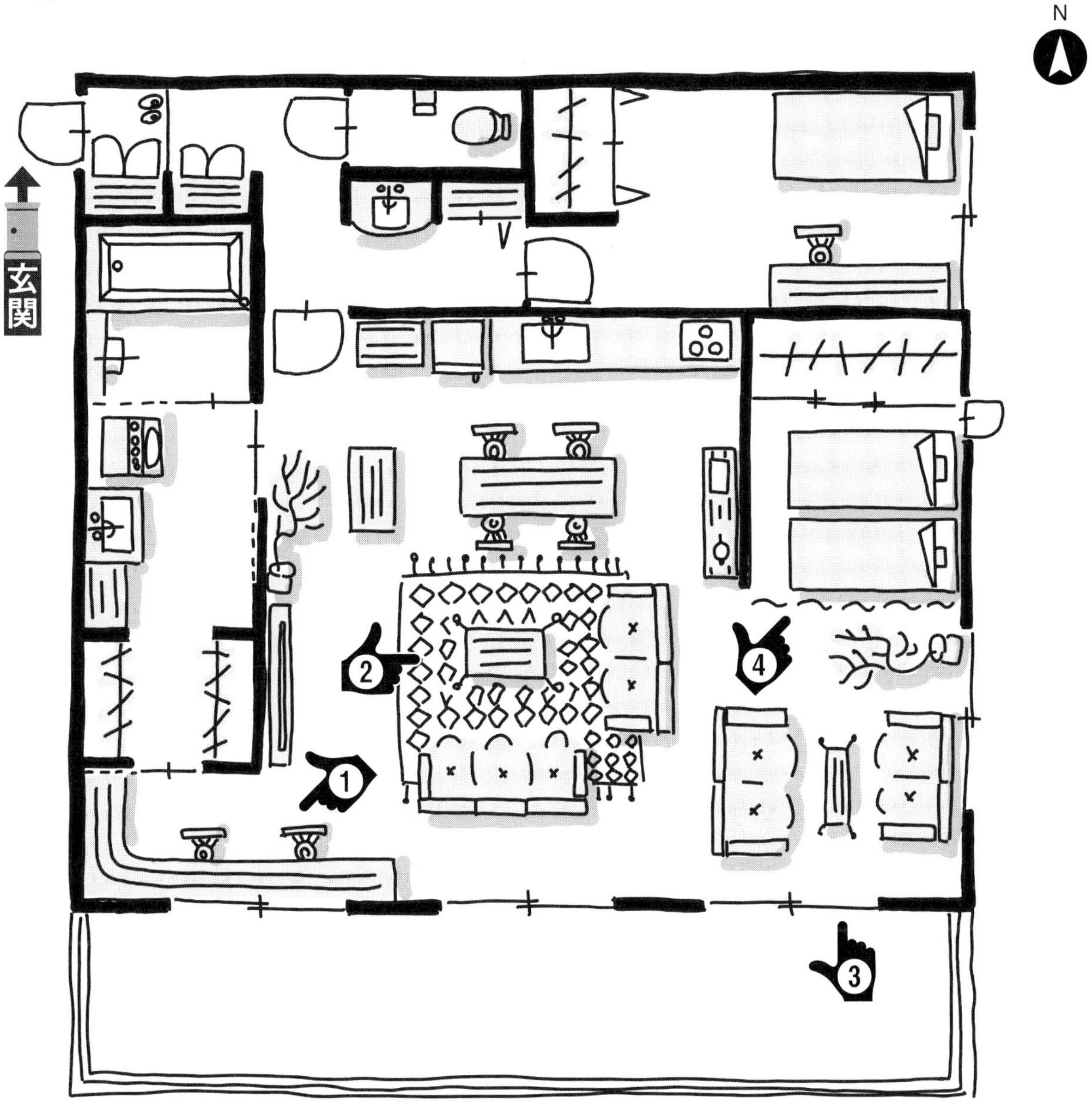

ケース 26
家族とのコミュニケーションがとりづらい！

こちらもよくある3LDKのマンション。子どもが幼いころに買った「ファミリー型」の住まいも、10年、20年と経つうちに、家族のスタイルと合わないものになってきます。さて、その意外な解決策は？

悪い間取り　子どもと親の部屋が完全に隔絶

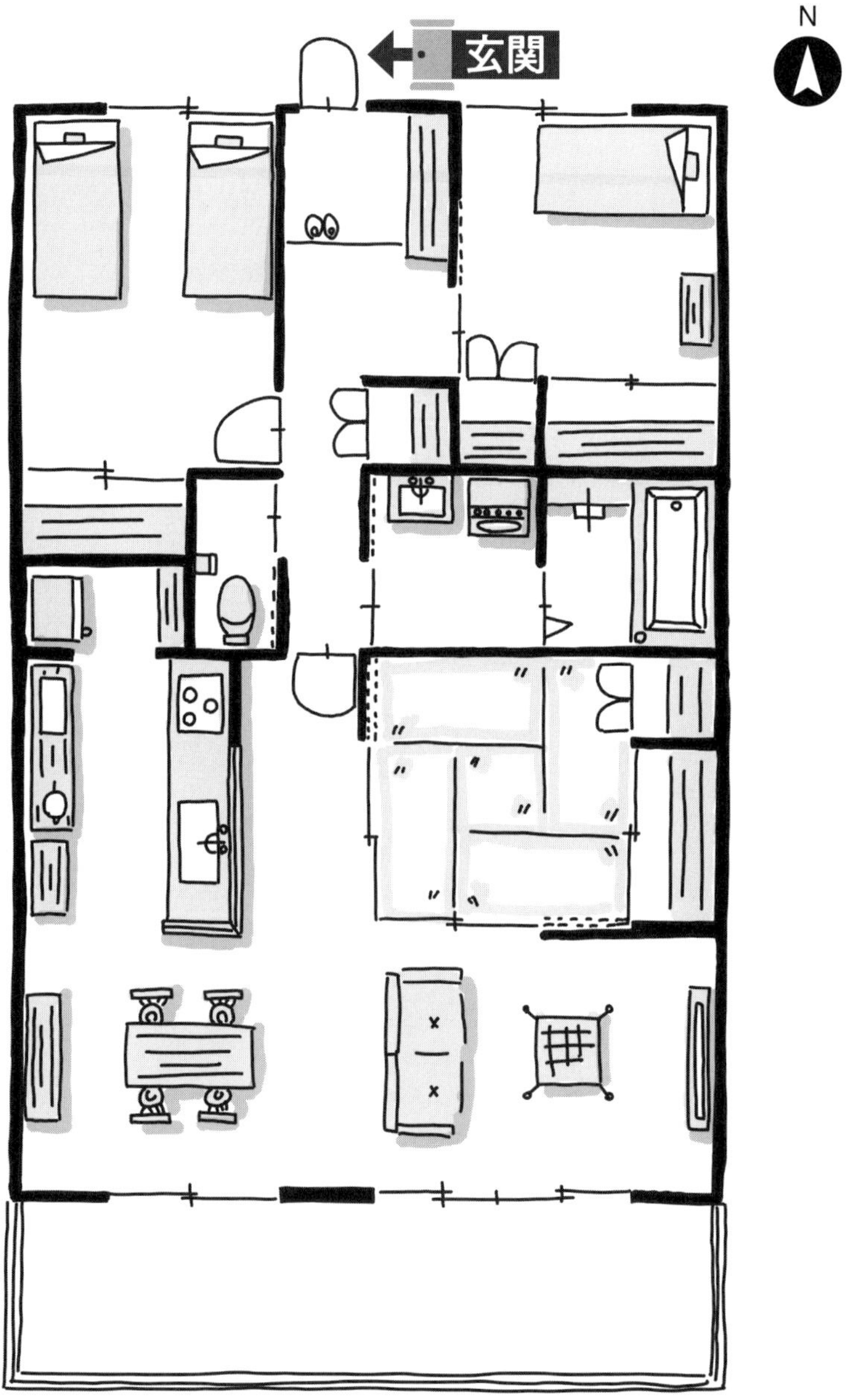

未来型の大胆設計！家がカプセルホテルに!?

ファミリー型マンションを買ってから20年。子どもも成人し、家には「寝に帰ってくるだけ」になっているかもしれません。そんなとき、個室が遮断されたマンションの間取りは、寂しさがつのりますね。

それなら寝室を大胆に改造して、本当に「寝るだけの場所」にしてみてはどうでしょう。カプセルホテル風に区切られた**寝室①**、壁には**室内窓②**。プライベートな空間でありつつ、お互いの気配は感じられます。収納は最小限に抑えるぶん、**集合収納③**が活躍します。

LDK④はさしずめラウンジ。気が向いたときにフラリと集まれます。

結婚したお子さんが帰省したときに、夫婦で泊まれるようベッドを1つ増やしておきました。

良い間取り　「寝るだけの空間」を隣り合わせに

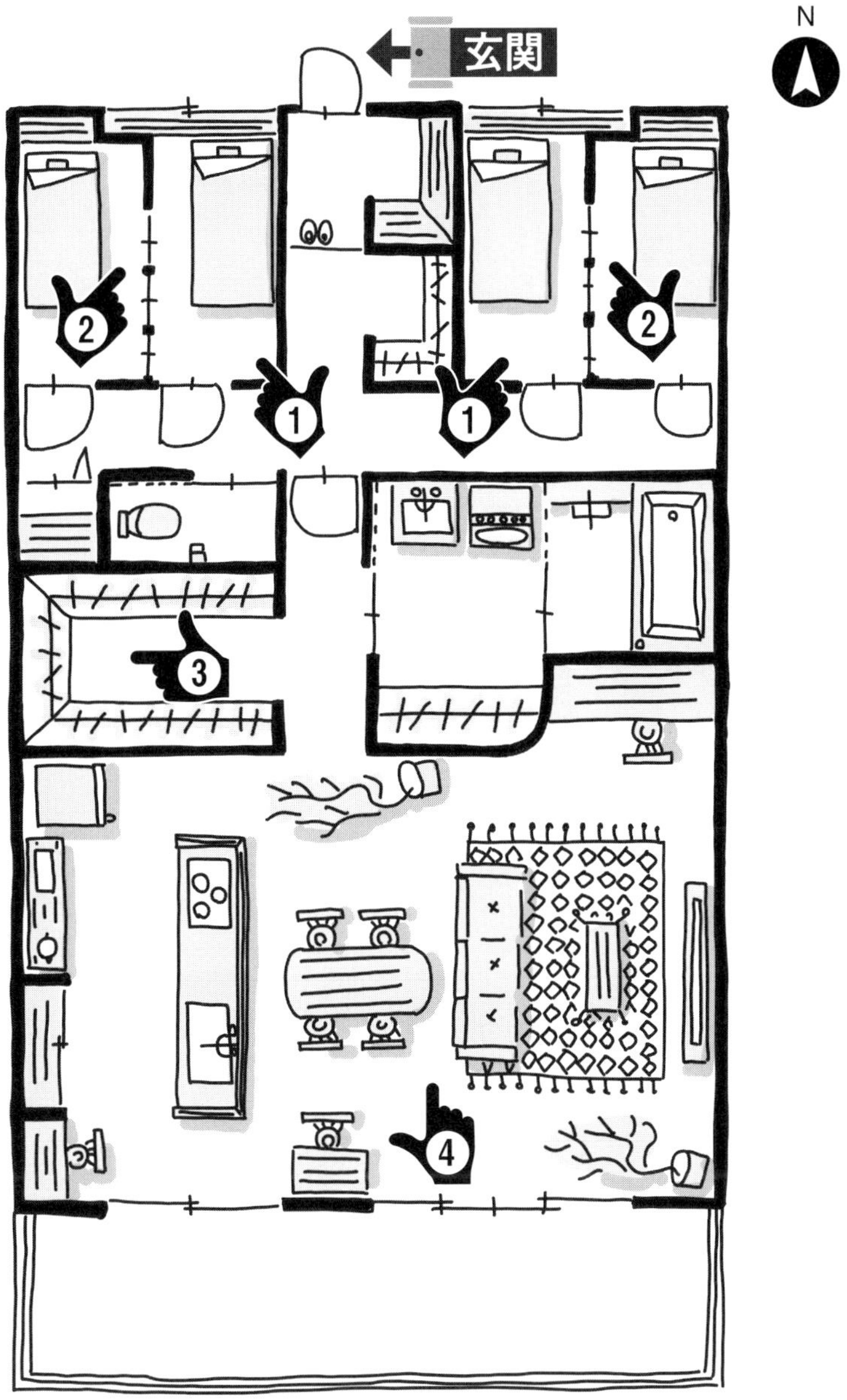

ケース 27
人を呼べる間取りにしたい！

またまた、よくある3LDKのマンション。子どもが独立したら、「人を呼んでワイワイできる家にしたい」と思っていませんか？「家族向け」の間取りを大胆に変えるリノベーションで、その願いを叶えましょう！

悪い間取り　広がりのない「家族仕様」のLDK

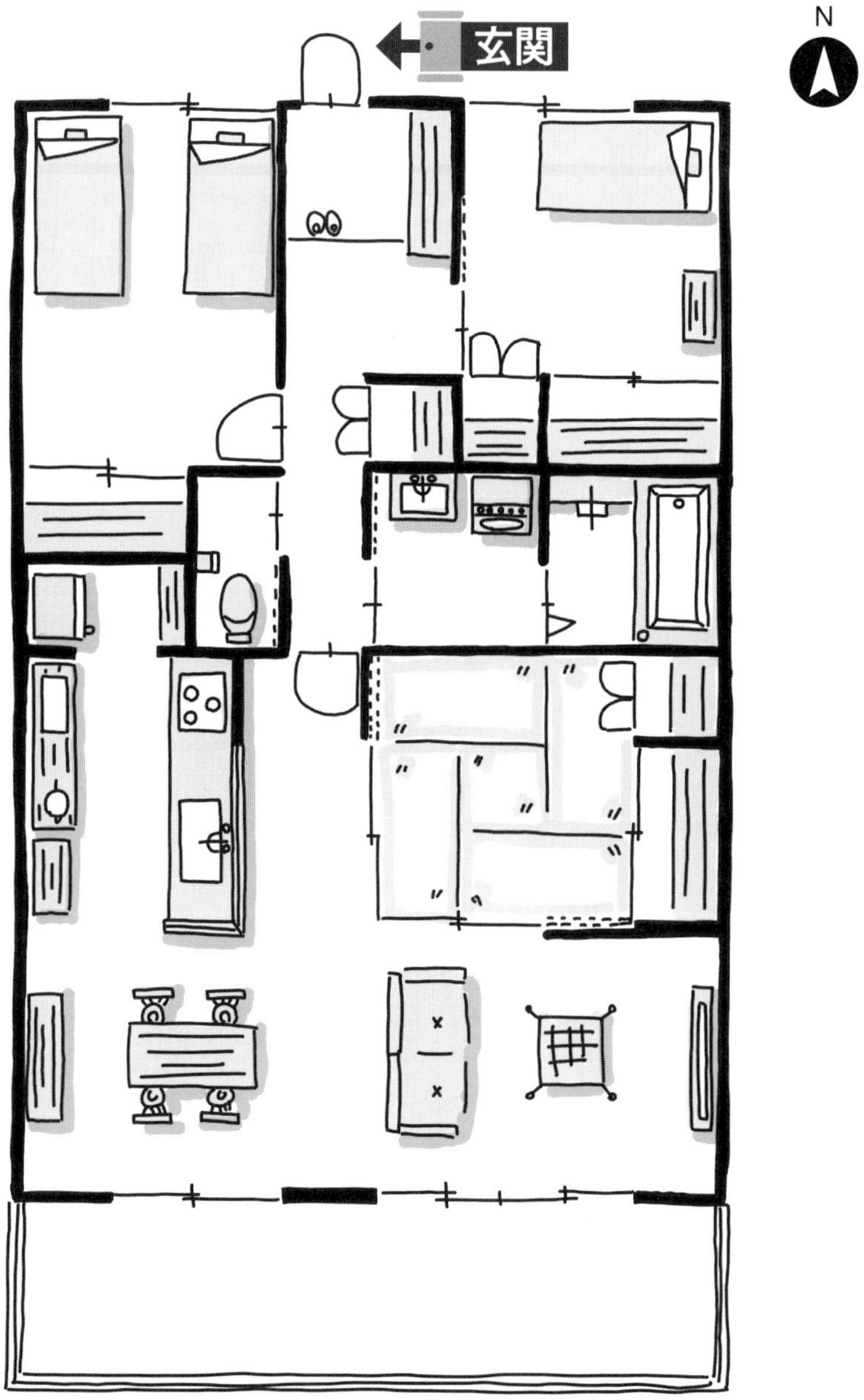

「大人数が入る前提」の間取りって楽しい！

家は家族が住む場所、ときどき親戚が来る場所——という常識が変わりました。コロナ禍を境に、家は「オフィス」にも「遊び場」にもなることに、私たちは気づきました。これからは、いろいろな人が出入りする家が珍しくなくなるでしょう。

そこで、ごくふつうのマンションを一変させる、こんなリノベーションプランはいかが？

ダイニングのない「**キッチンリビング①**」の奥には、大容量の**パントリー②**。カーブのかかった**カウンター③**、ラウンジのような**ソファスペース④**、しっとり飲める**バー⑤**も。「テレビはどこ？」と思った人、ご心配なく。天井からスクリーンを吊り下げ、プロジェクタで投影すればOK。これならプチ映画館にもなりそうですね。

良い間取り　人が集まるパーティールームに変身！

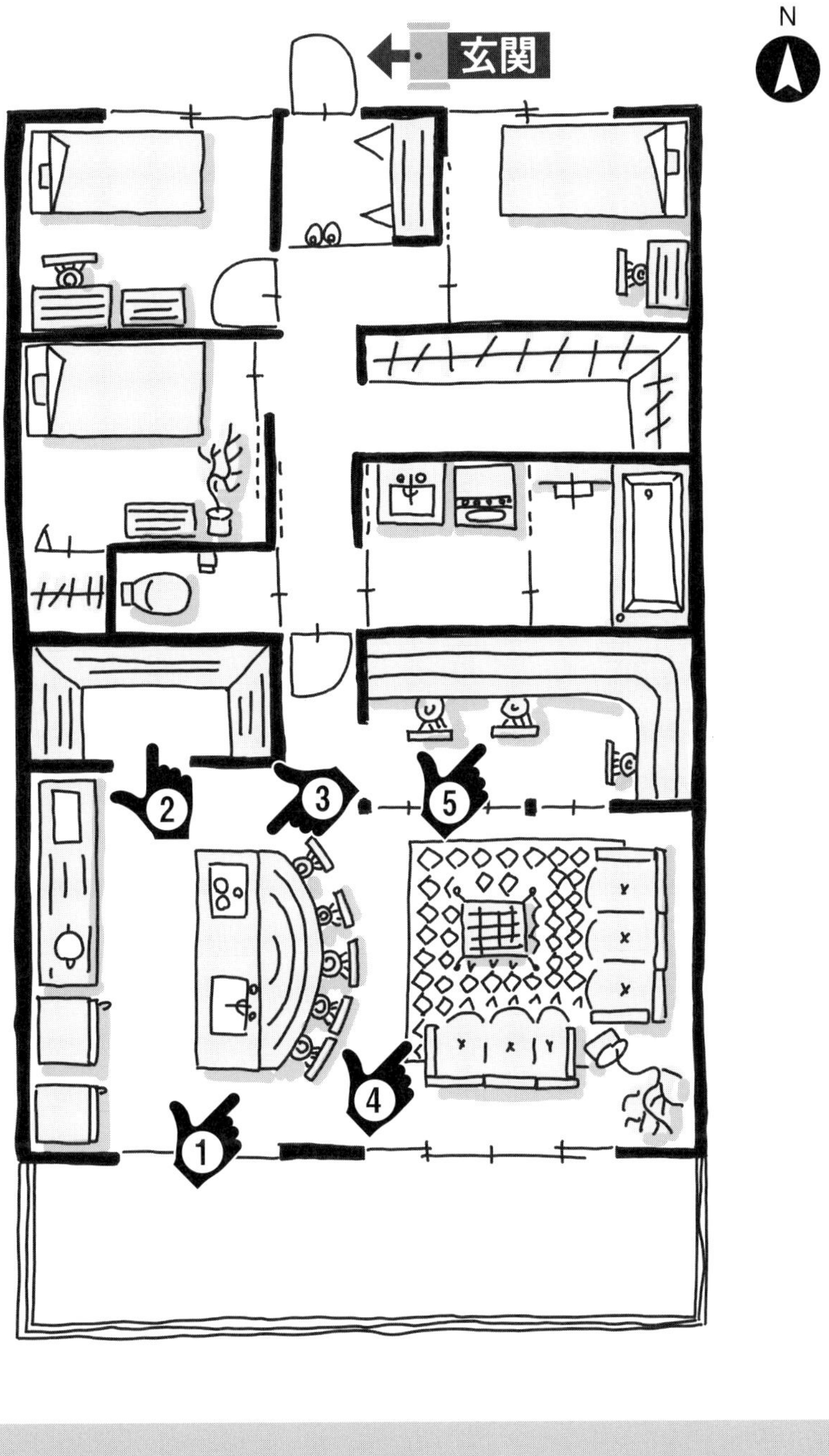

ケース **28**

猫が住みにくい！

最近は「ペットOK」の集合住宅も増えてきましたね。でも、猫が住みやすいかどうかは少し微妙。閉じた扉の向こうでしょっちゅう「入れて入れて」状態になる猫ちゃんのために、ひと工夫してみました。

悪い間取り　扉が閉まると猫が歩きまわれない

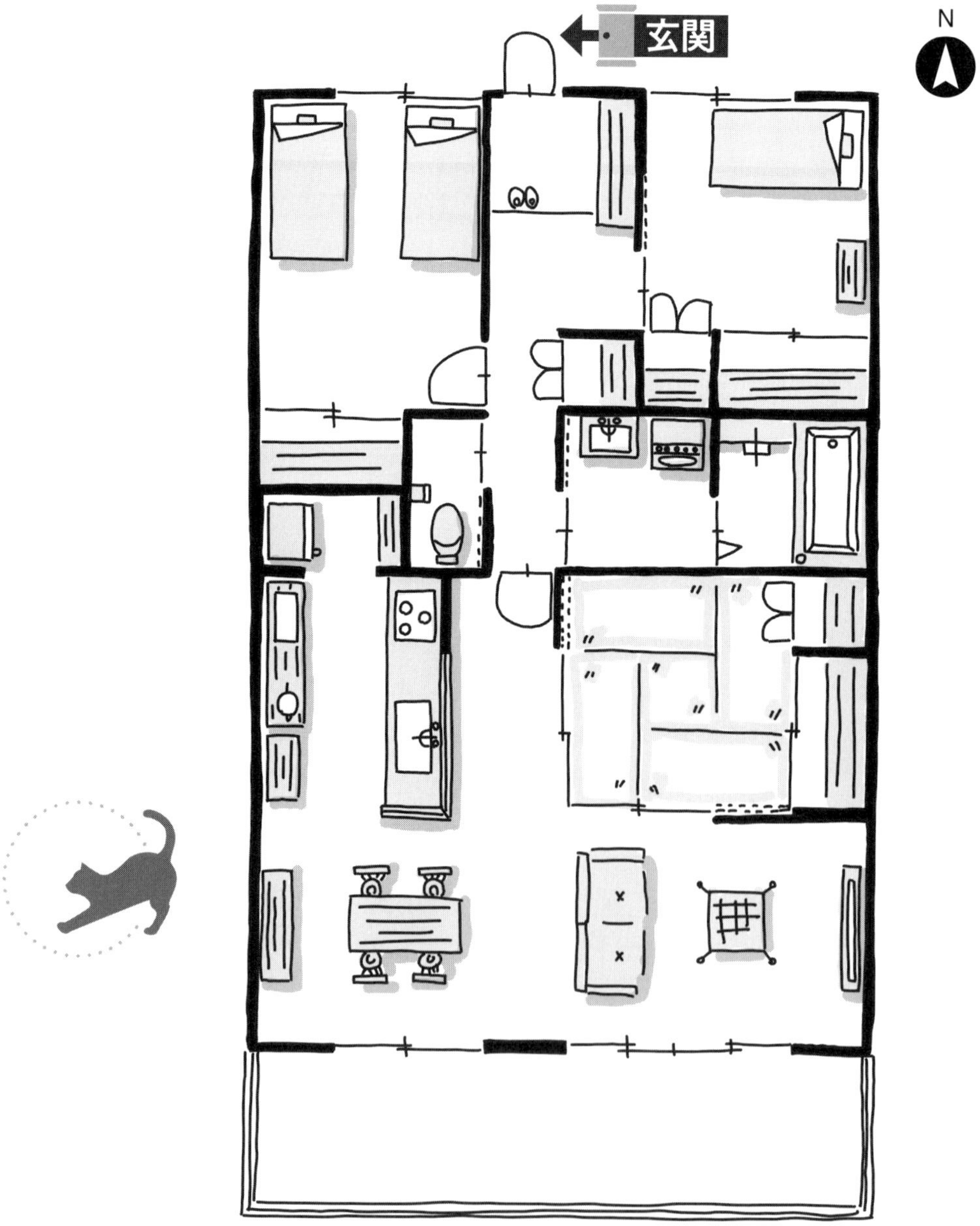

どの部屋にもスルリと入れて大満足！

「良い間取り」をよ〜く見てください。すべての扉に、切れ目がありますね。開き戸にも引き戸にも、トイレのドアにも。これは、**猫が通れる小さな穴①**が開いている印。猫は1日1回、すべての部屋を見てまわる習性があるので、この仕掛けはきっと嬉しいはず。

さらには「**猫部屋②**」も設置。隣の**寝室との間の壁も穴つき③**なので、猫ちゃんは家族のベッドにもぐりこめます。猫関係以外の工夫もあります。ダイニングにはテーブルの代わりに**曲線のカウンター④**が。「テーブルがすぐ物置きになっちゃう！」という人も、これくらいミニマムなスペースなら大丈夫。遊び心をきかせたフォルムも、猫ちゃんのいるお宅にぴったりですよね。

良い間取り　すべての扉と、壁にも「猫穴」を

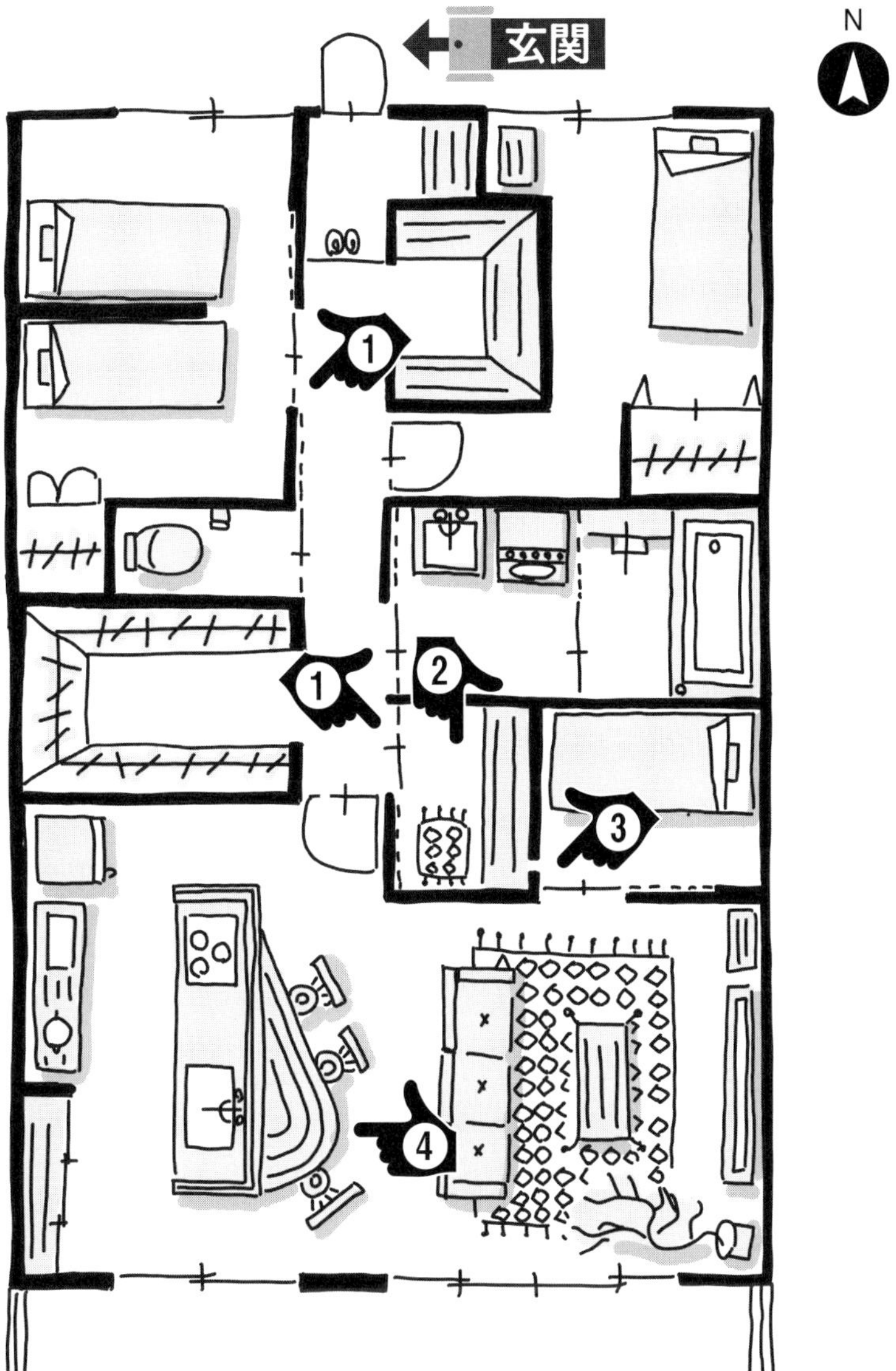

ケース 29
仏壇のなじむ部屋がない！

マンションには仏壇がしっくりなじむ部屋がない、という声をよく聞きます。和室があっても、スペースが限られていることがしばしば。そんな和室にアレンジを加えて、「特別な場所」をつくってみました。

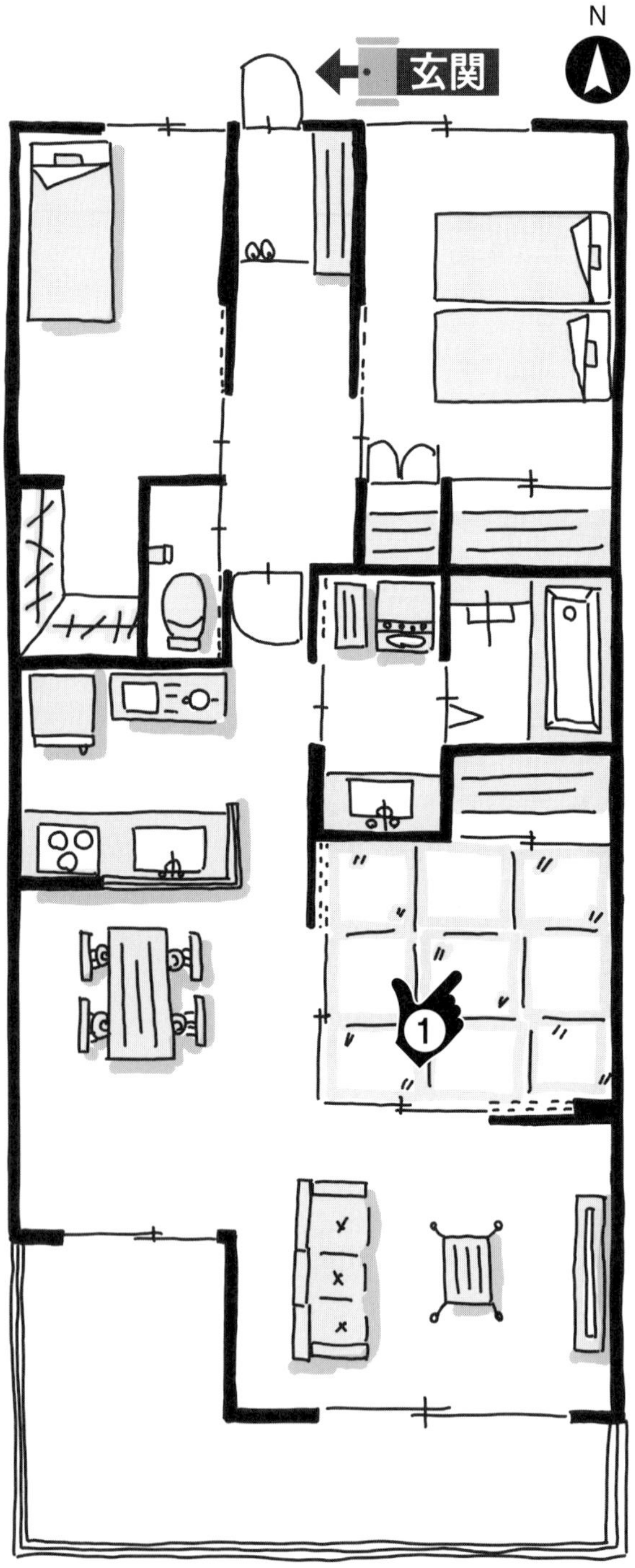

悪い間取り

和室に仏壇を置きたくない

LDKに自然になじむ和の特別空間

　マンションの**和室①**はほかの部屋とテイストが違うため、使い道が少なくなりがち。仏壇を置いても、ほかの部屋から見えないよう扉を閉めっぱなしにしたり。これでは、ご先祖さまも退屈しそう……。

　それなら、和室を「見せたい場所」に変えましょう。畳を「床上げ」（＝床の高さを上げること）して、大きなベンチのような、**和風のオシャレな一角②**を。その奥に**仏壇用の収納棚③**をつくりつけて、折れ戸で開閉できる形に。曲線を描くコーナーの部分に一輪挿しなどを置くと、さらに趣を添えられます。

　なおこのマンション、キッチンの収納が少ないのも欠点でした。そこで配置を変え、壁沿いを**食器棚④**に。玄関脇は**集合収納⑤**で容量アップ！

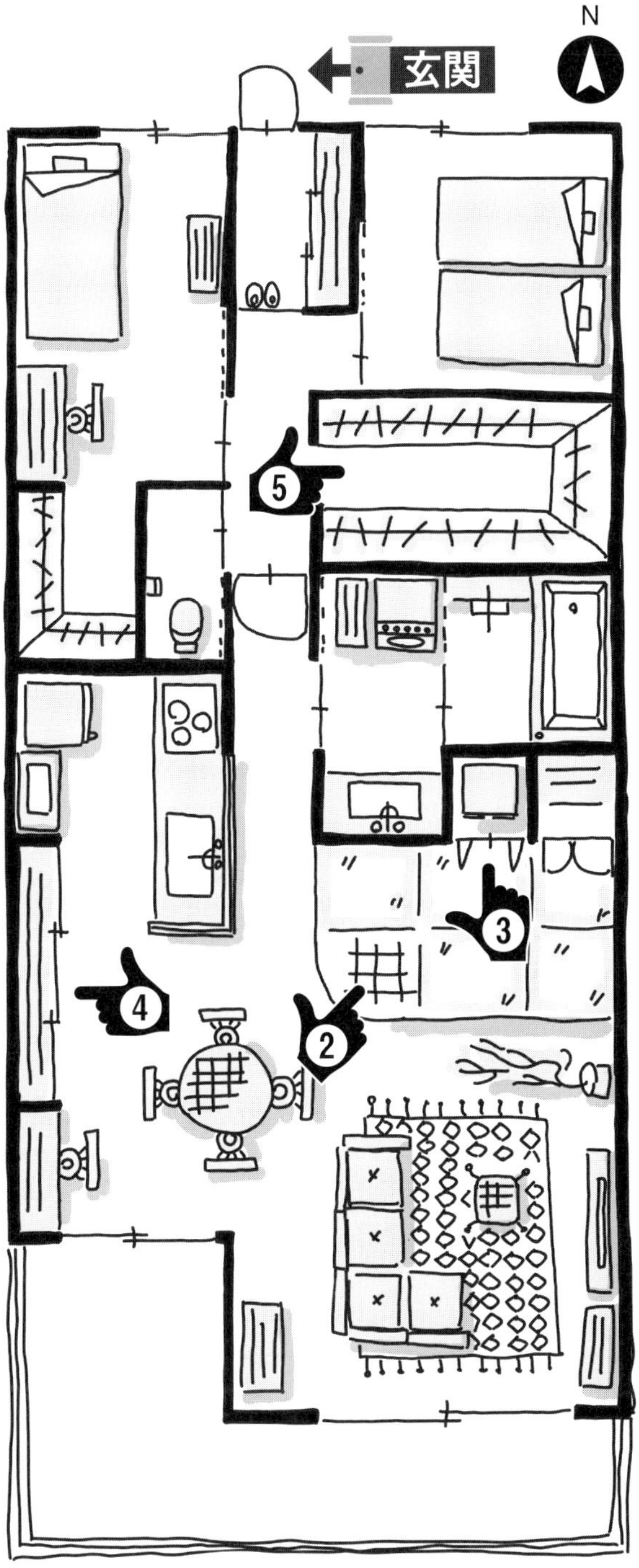

良い間取り　和室全体を一段高くして「大切な場所」に

ケース 30

生活感丸出し！

洗剤やお掃除グッズ、家電、ゴミ箱、スナック菓子などなど、「見えていないほうがいいもの」って多いですね。生活感のあるものをとことん見えなくするワザで、リビングの統一感を常時キープ！

悪い間取り　冷蔵庫もゴミ箱も丸見え

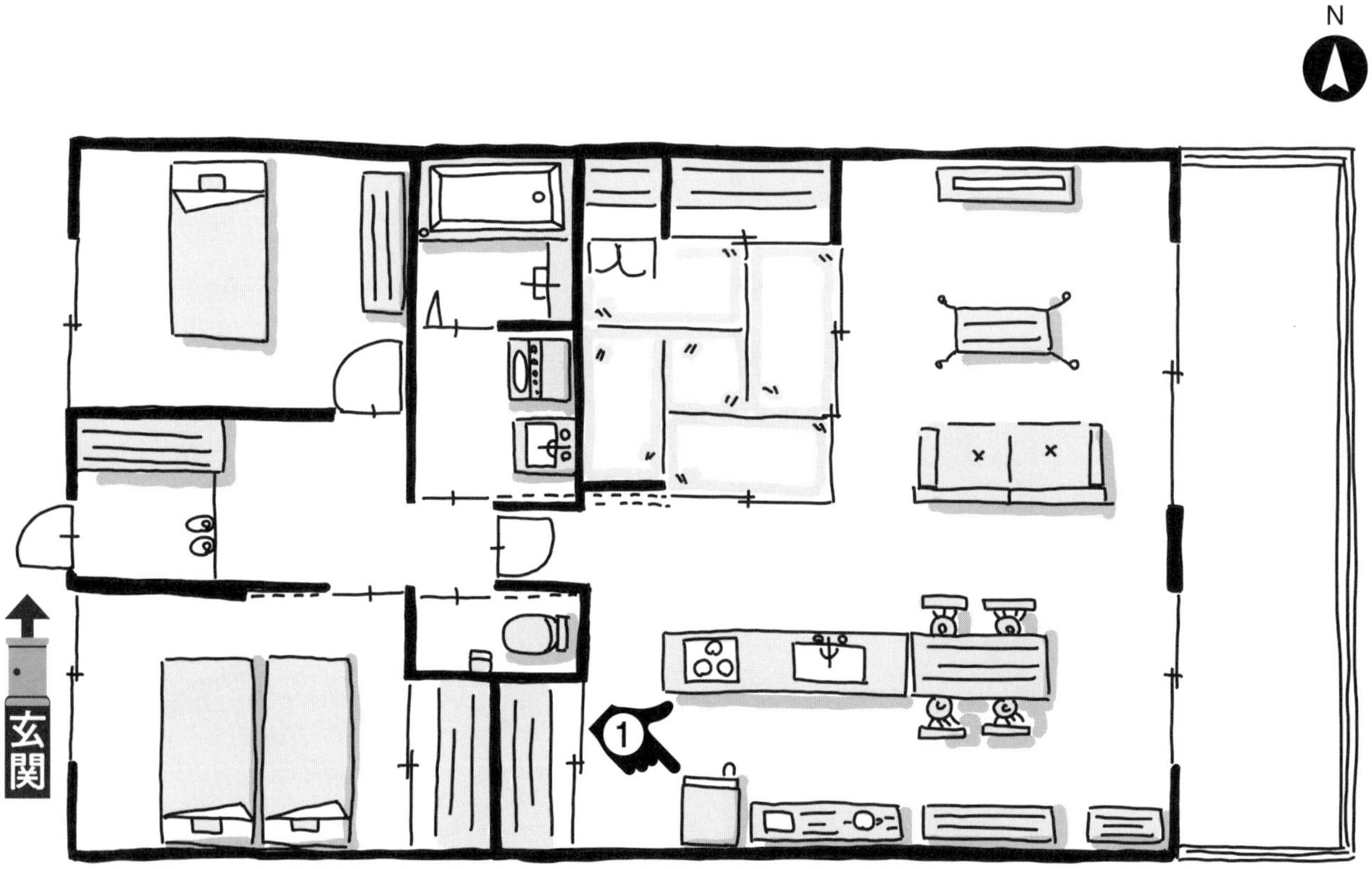

散らかるスペースを全面目隠しでスッキリ

シンプルなインテリアが好きな人なら、雑多な日用品が目につくのはイヤですよね。**冷蔵庫①**やゴミ箱といった生活感あふれるアイテムも、できれば隠したいでしょう。

ならば、隠したいところに全部扉をつけましょう。**キッチンにも冷蔵庫にも扉②**、**テレビの前にも扉③**。東側に設けた趣味用の**カウンターにも扉④**を。自分だけの「ウヒヒ」な楽しみ、見せたくないですものね。

ただし、何をするにも「扉の開閉」というワンアクションが加わるので、「面倒だから手前に置いちゃおう」の誘惑に負けたら、今まで以上に散らかりますからご注意。

また、ゲストが泊まることも想定して、お客さま用のベッドルームを1つ設けました。

良い間取り　扉を閉めれば全部隠せる！

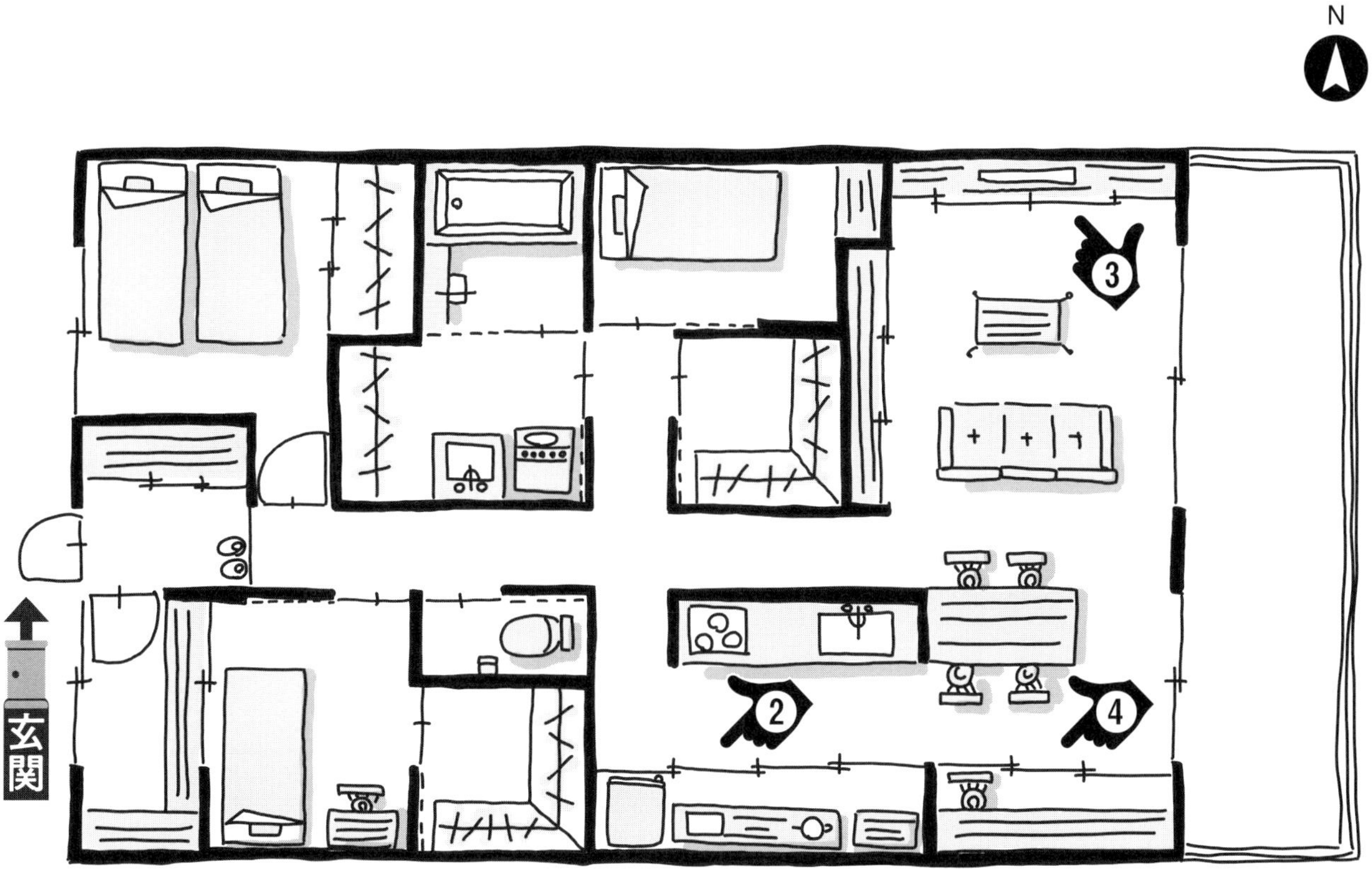

ケース 31

部屋干しをするスペースがない!

収納が少ない3LDKのマンション。部屋数は多いけれど、そのぶんリビングやダイニングが狭苦しい印象になってしまいます。ここも思い切って部屋を減らし、ゆったり使えてスッキリ片づく間取りに。

悪い間取り　使わない部屋が「物干し部屋」に

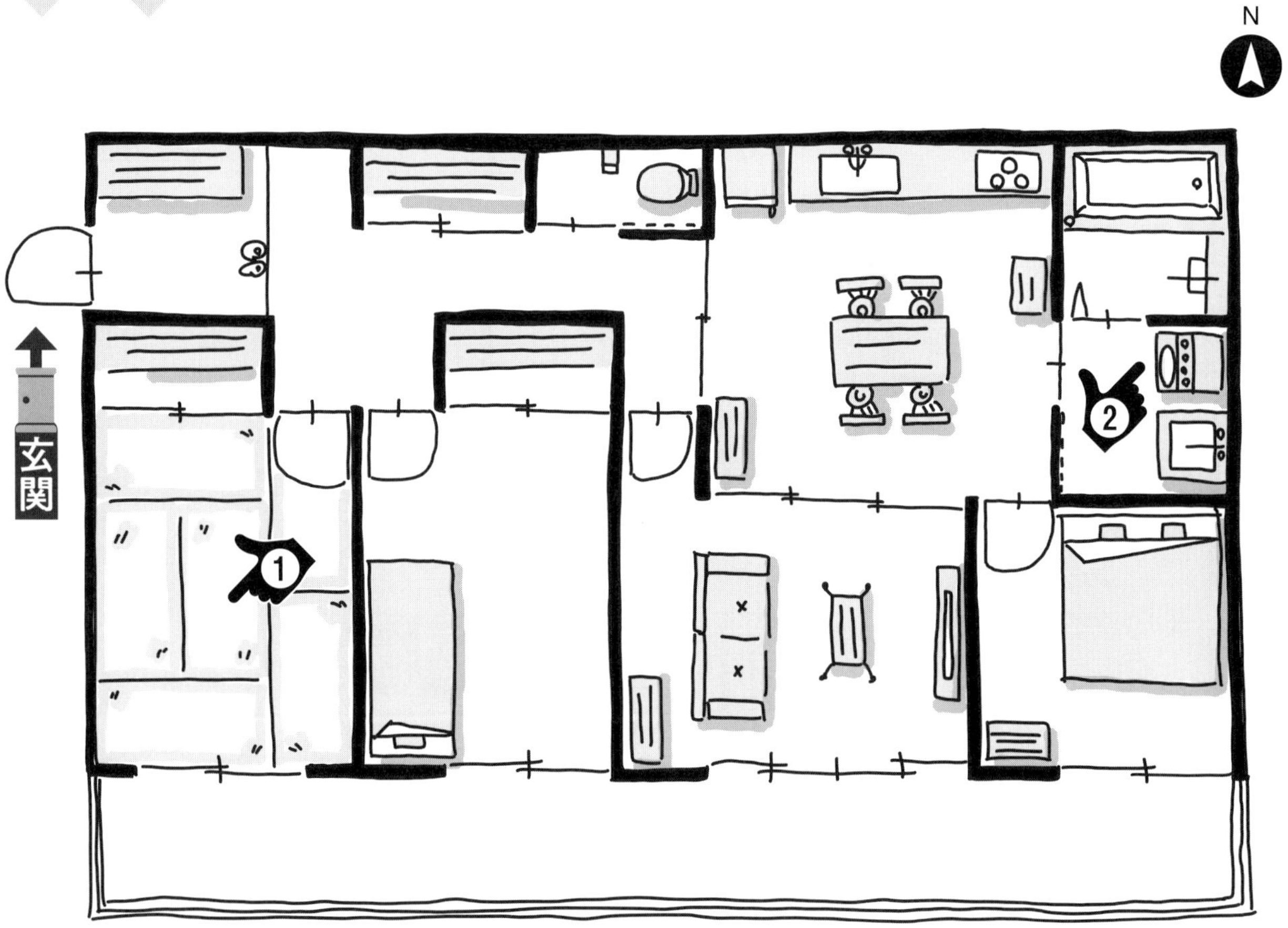

使わなくなった部屋の「リボーン」のススメ

右ページの間取りの家で、室内干しをするとしたら……やはり**和室①**が無難でしょうか。でも、洗濯カゴを東の端の**洗濯機②**から運ぶのはシンドイ！　そこで、**洗濯洗面室③**に続く南側の一角に**サンルーム④**をつくりました。上から光が入り、洗面や収納のスペースを明るく照らし出します。

夫婦の**寝室⑤**は、もとはシングルの寝室があった場所へ。ではシングルの寝室はどこへ？

ここで考えてみてください。お子さんの独立後、使っていないスペースができたら、今の暮らしにフィットする間取りに生まれ変わらせてみませんか？　趣味部屋、勉強部屋、小さなオフィス、なんでもOK。50代からの人生を充実させる「部屋のリボーン」、おすすめです！

良い間取り　サンルームで部屋干しも採光も

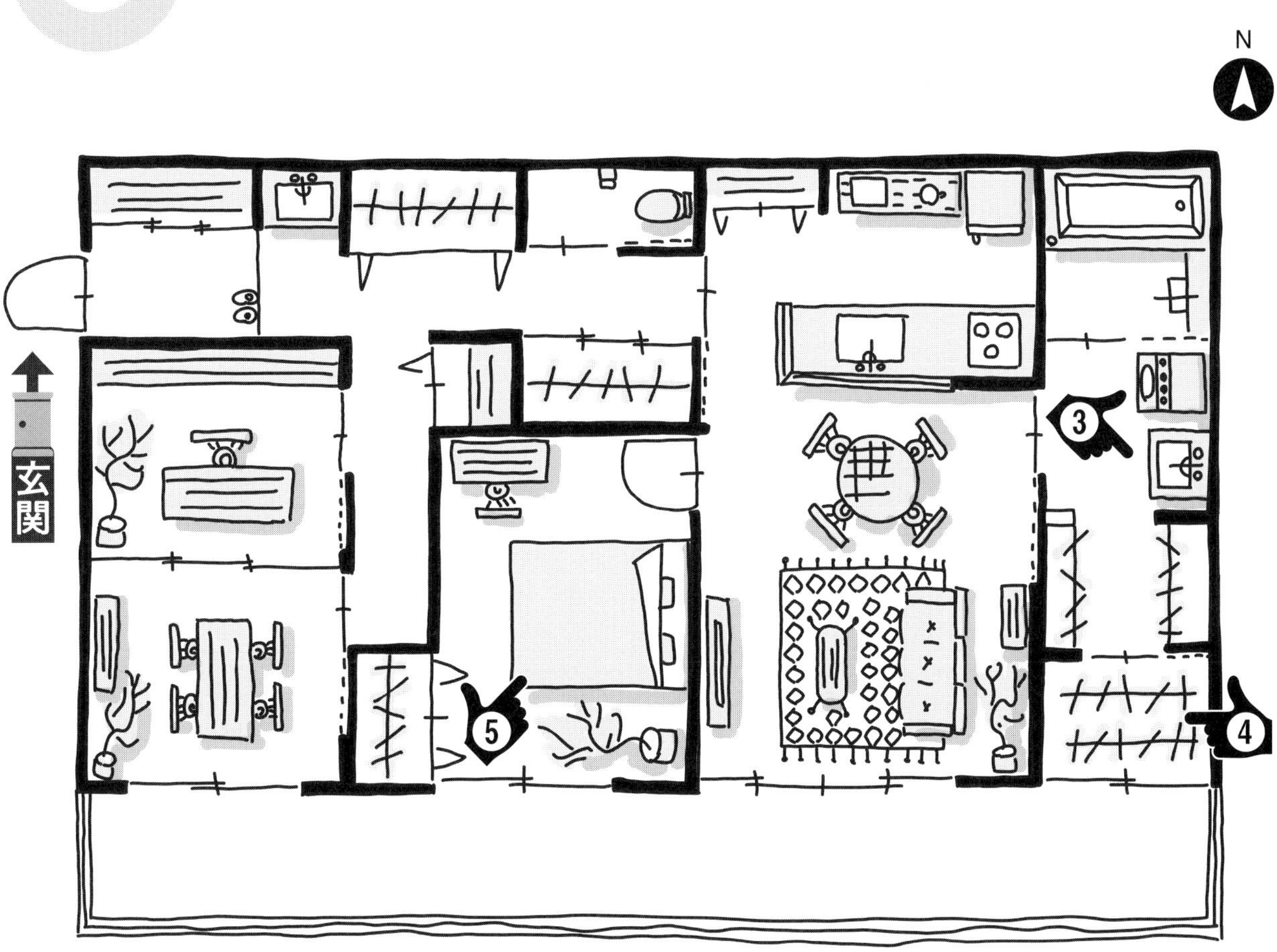

ケース 32
花粉症がひどい！

花粉症体質だと、何かと手間が増えますね。洗濯物を干す場所にも気を使うし、外から持ち帰ったものについた花粉もこまめに落とさなくてはなりません。間取りを変えたら、そんな作業も簡単・快適に！

悪い間取り

玄関で手間取る、洗濯物を干せない

ディスプレイもできるガラス張りの物干し場

花粉症に悩む人は、**玄関①**で花粉を落とすのが大変。バッグを抱えたまま上着を脱いで、**洗面室②**へ移動して……と手間取りがちです。

洗濯物を外に干せないのもストレス。仕方なく部屋に干すとなると、生活感がにじみ出てガッカリですね。

そこでまず、玄関を広くして**クローク③**を設置。これなら、持ち物をすべて吊り下げてからサッとブラシで落とすだけ。

物干し場として南側に**サンルーム④**を。**リビングとの境目⑤**もガラス張りにすれば、室内に日が射し込みます。植物やドライフラワーなどを吊り下げるスペースにするのもおすすめ。食事もお茶も楽しめる「**ダイニングソファ⑥**」から眺めて、心潤うひとときを。

良い間取り

玄関クロークとサンルームで解決！

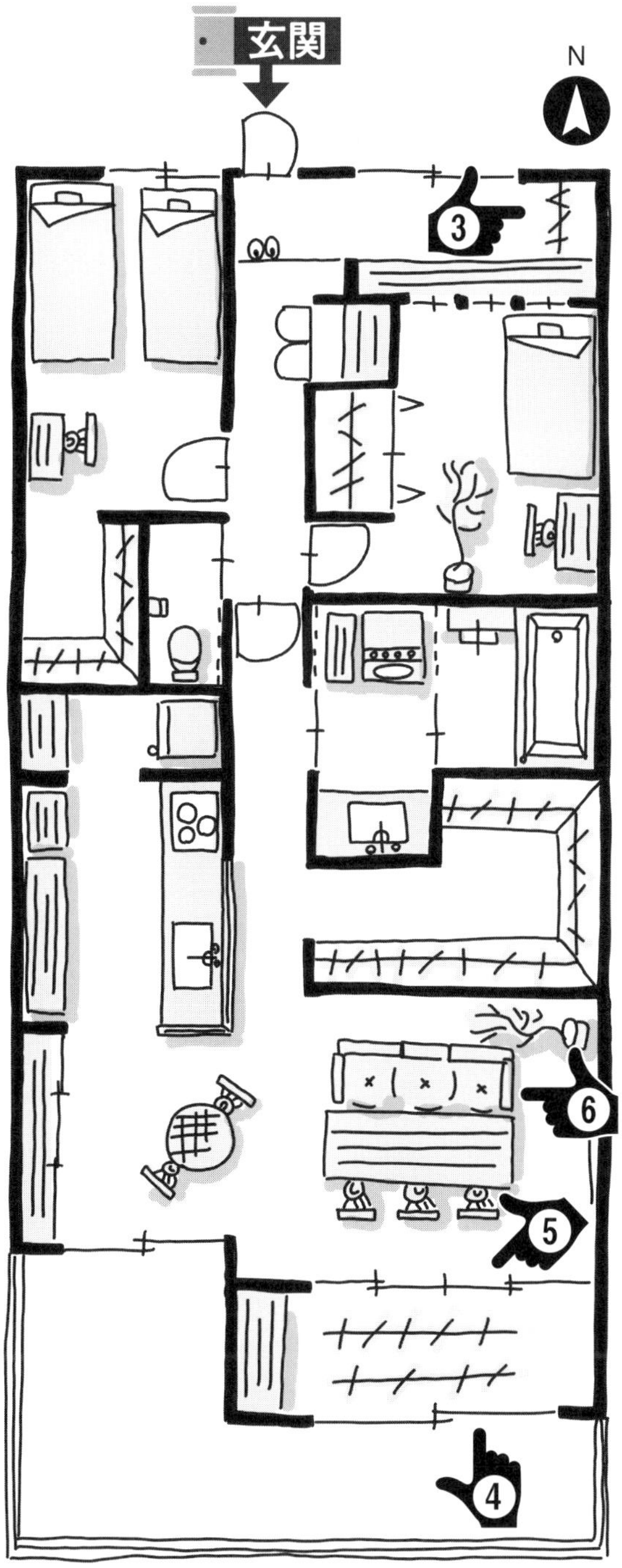

ケース 33

お酒がイマイチ楽しめない！

友達を呼んで飲み会ができる家にしたい、というニーズは多くあります。その一方、「マンションだと、いまひとつ雰囲気が出なくて……」という悩みの声も多数。ふつうの家を「居酒屋さん」に変える秘策とは？

悪い間取り　無個性な室内で気分が出ない

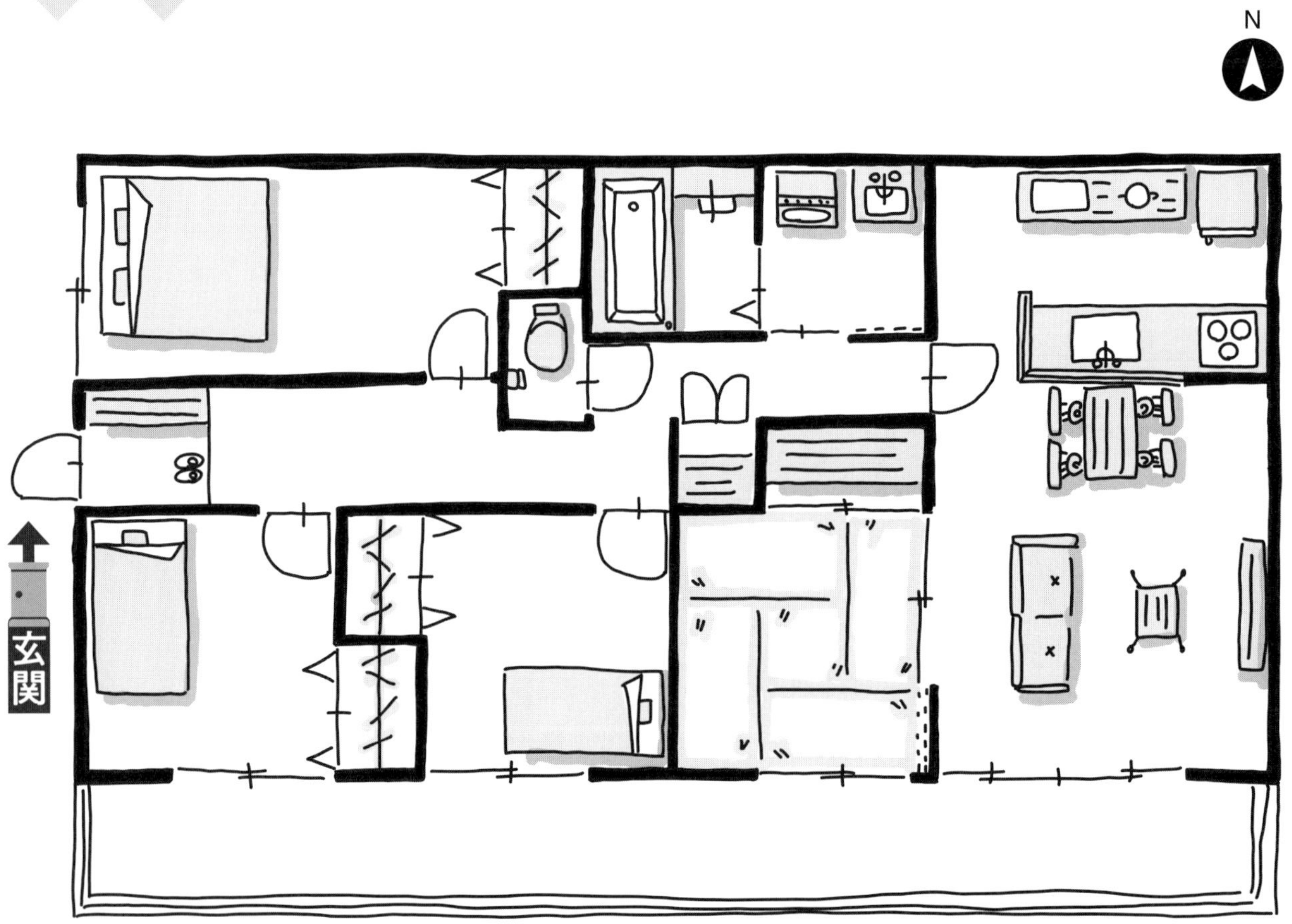

訪れた人から歓声が！家の中の宴会場

コロナ禍をきっかけに「家飲み」の楽しさを知った人は多いでしょう。中には「友達を呼んで家を居酒屋にしたい！」という人も。しかしここでネックになるのが、雰囲気が出にくいこと。とくにマンションの場合、内装が無個性で少々インパクト不足。

そんなお悩みを一掃するアイデア、考案しました。**リビング①**を一段「床上げ」し、**中央部分に畳②**を敷けば、舞台のような宴会スペースが誕生。お客さまが足を踏み入れた瞬間、「わあ〜！」と歓声が上がること間違いナシです。宴会以外にも、麻雀、勉強会、手芸教室など使い道はいろいろ。家に人が集えば、日々が彩り豊かになります。この舞台で、そんな毎日を実現してみませんか？

良い間取り　一段上がった宴会スペースで特別感を

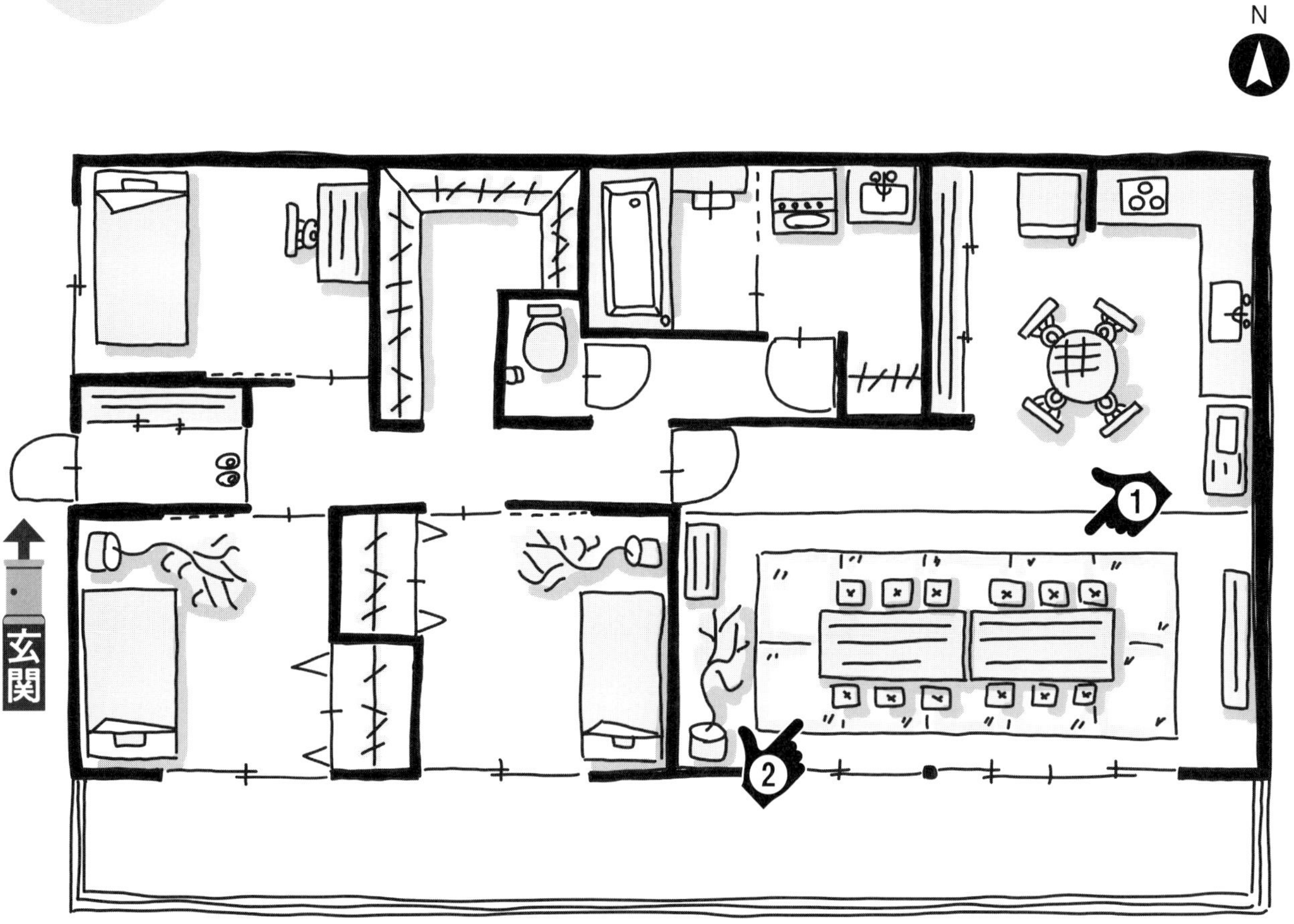

ケース **34**

買い物後が面倒くさい！

スーパーで買ってきた食材の収納は、毎度毎度、なかなかの手間ですね。冷蔵庫や棚の位置が不便だと、「もういいや！」と、つい袋のまま冷蔵庫に放り込んだり……。そんな「面倒」のモト、一掃します！

悪い間取り　丸見えのキッチンで隠し場所がない

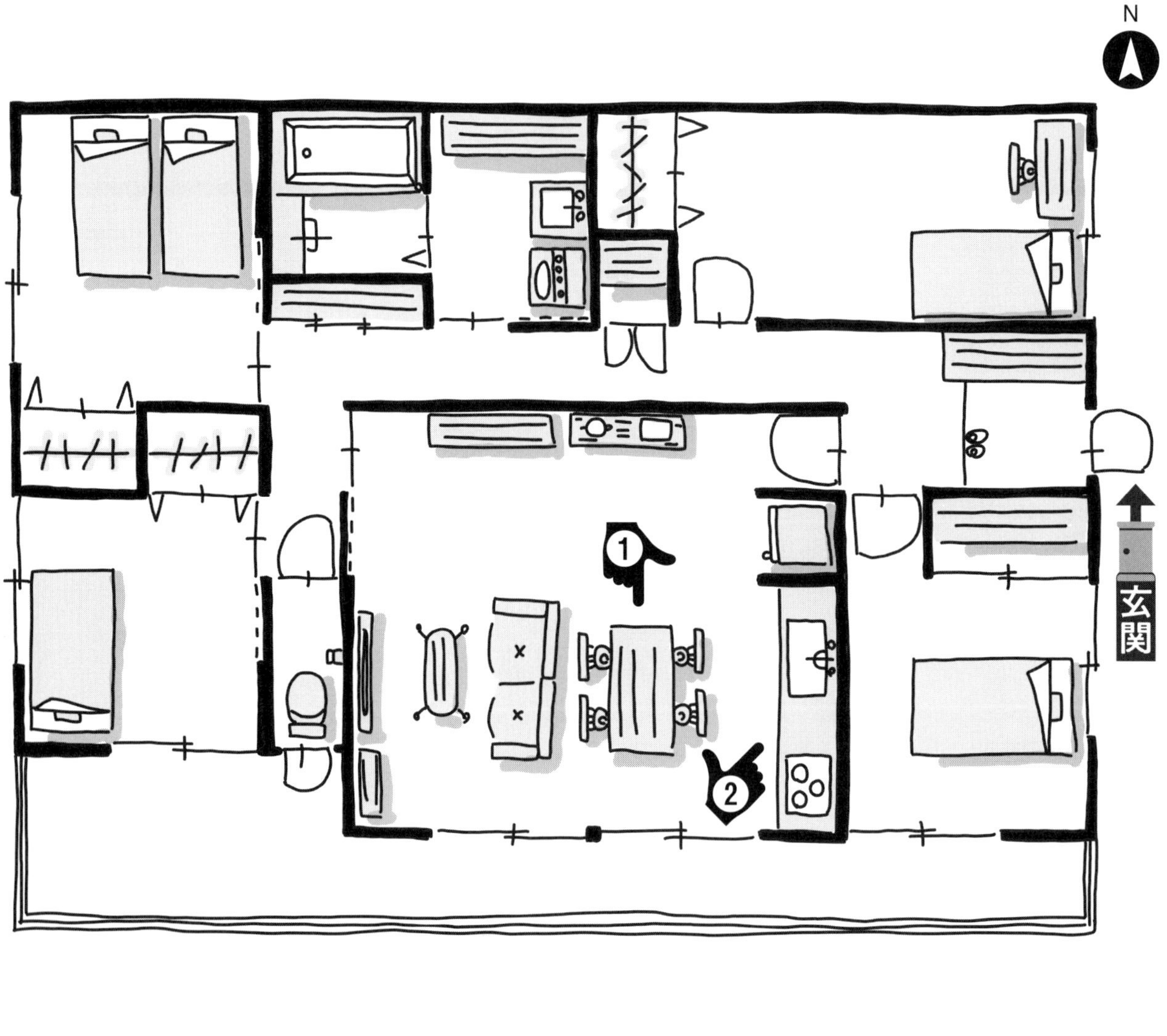

収納と目隠しができて採光も満点に！

収納が少なく、しかも**ダイニング**①から丸見えの**キッチン**②。買ったものが収納に入りきらないと、シンクまわりに置きっぱなしになって見た目もよろしくありません。

リフォーム後の間取りなら、その問題は一挙解決。奥には**パントリー**③、**冷蔵庫**④のまわりは棚を設けた「島」になっていて、ここを一周すれば収納完了。奥には秘密の**カウンター**⑤も。そこに大きな窓がついていて、キッチンに光が射し込む仕掛け。

ダイニングにも目隠しの仕掛けあり。壁をなくして開放感を出し、かつソファから洗面室が丸見えにならないよう、**壁を一部残して飾りのスペース**⑥に。くつろぎ感満点の**ダイニングソファ**⑦で、お客さまをおもてなしできる空間に変身！

良い間取り　収納たっぷり、随所に目隠し機能も

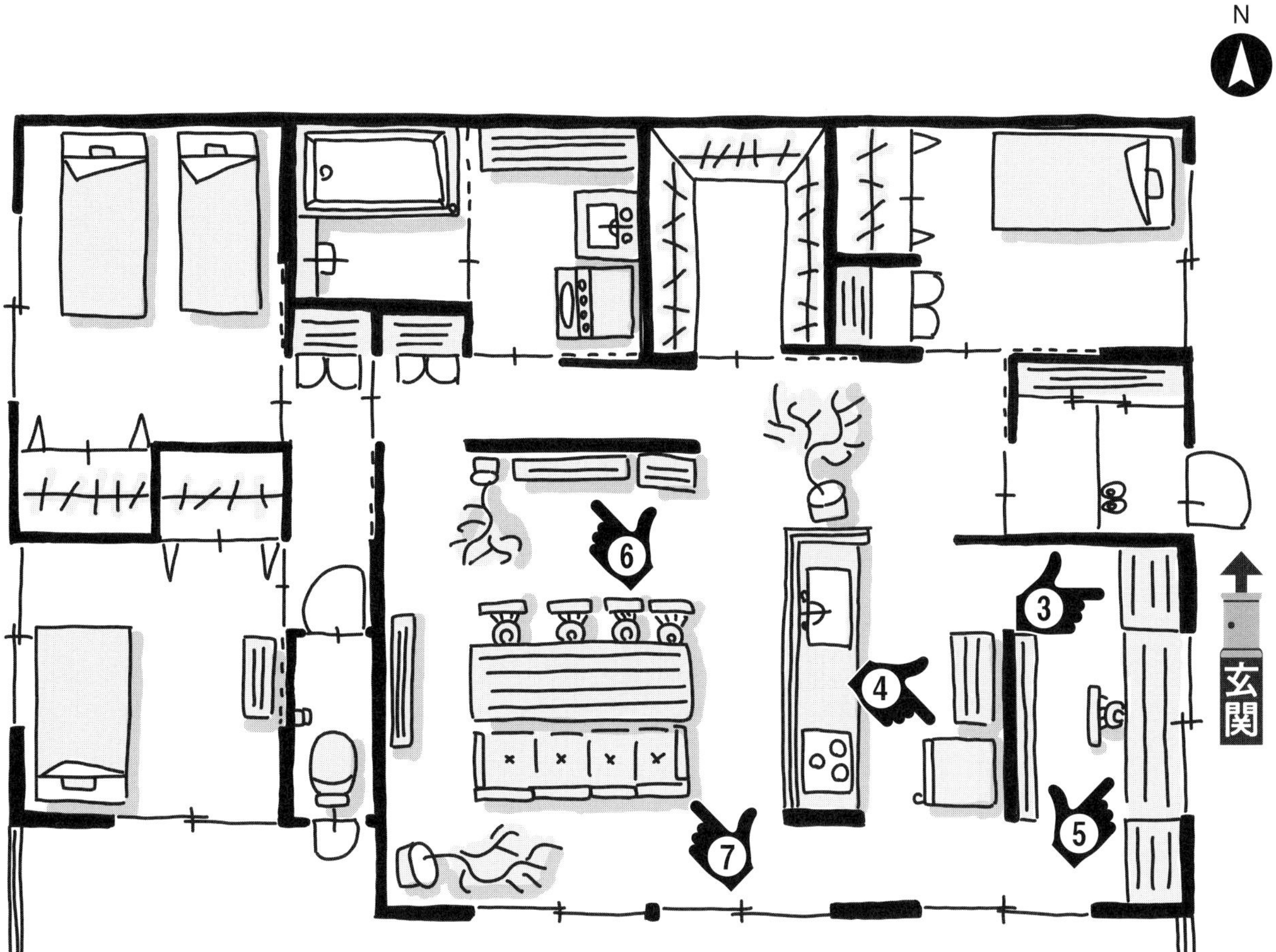

ケース35 読書に集中できない！

またまた登場、よくある間取りのマンション。そして今回も、「収納の少なさ」がネックに。読書を楽しみたいけれど、寝室はスペース不足……。そんな悩みを解決する、読書専用の部屋を設けました。

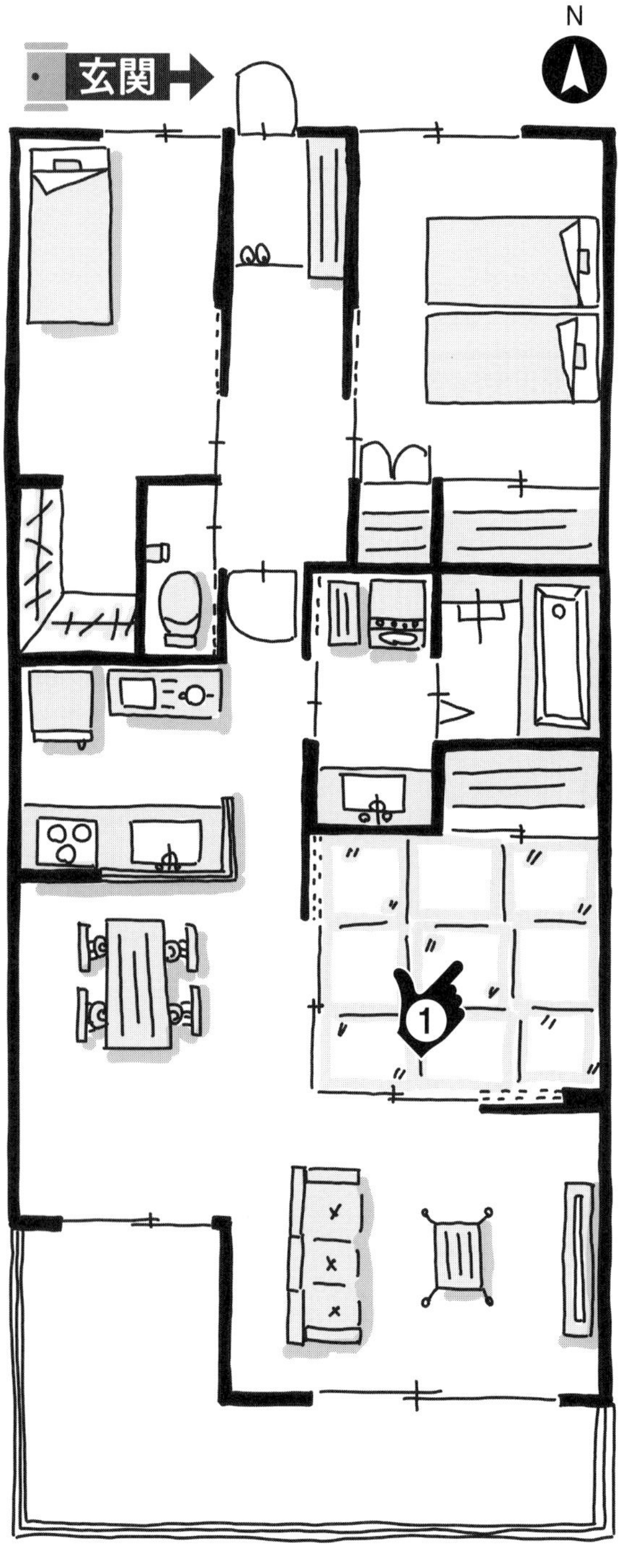

悪い間取り

個室収納が少なく本を置けない

マンションの収納不足にはワケがある

自分の部屋とは別に、本に囲まれて過ごせる「マイ漫画喫茶」があったら素敵だと思いませんか？　そこで、**和室①**を**読書部屋②**にリニューアル。隅の**カウンター③**に座るもよし、ベッドに寝転がって読むもよし。かねてからの「収納不足問題」も解決。**集合収納④**を造設し、キッチンには**パントリー⑤**をつくりました。

マンションの収納の少なさには何度か触れてきましたね。その理由は、部屋数の多さをアピールするために収納を削るという、完全に売り手側の都合。そうとわかれば、あとから変えてしまえばOK。たいていのマンションは、四隅の柱と水まわり以外、全部つくり変えが可能。自分らしい暮らしに向けて、思いどおりにリボーンさせましょう！

良い間取り

読書専用の寝室がもう1つ！

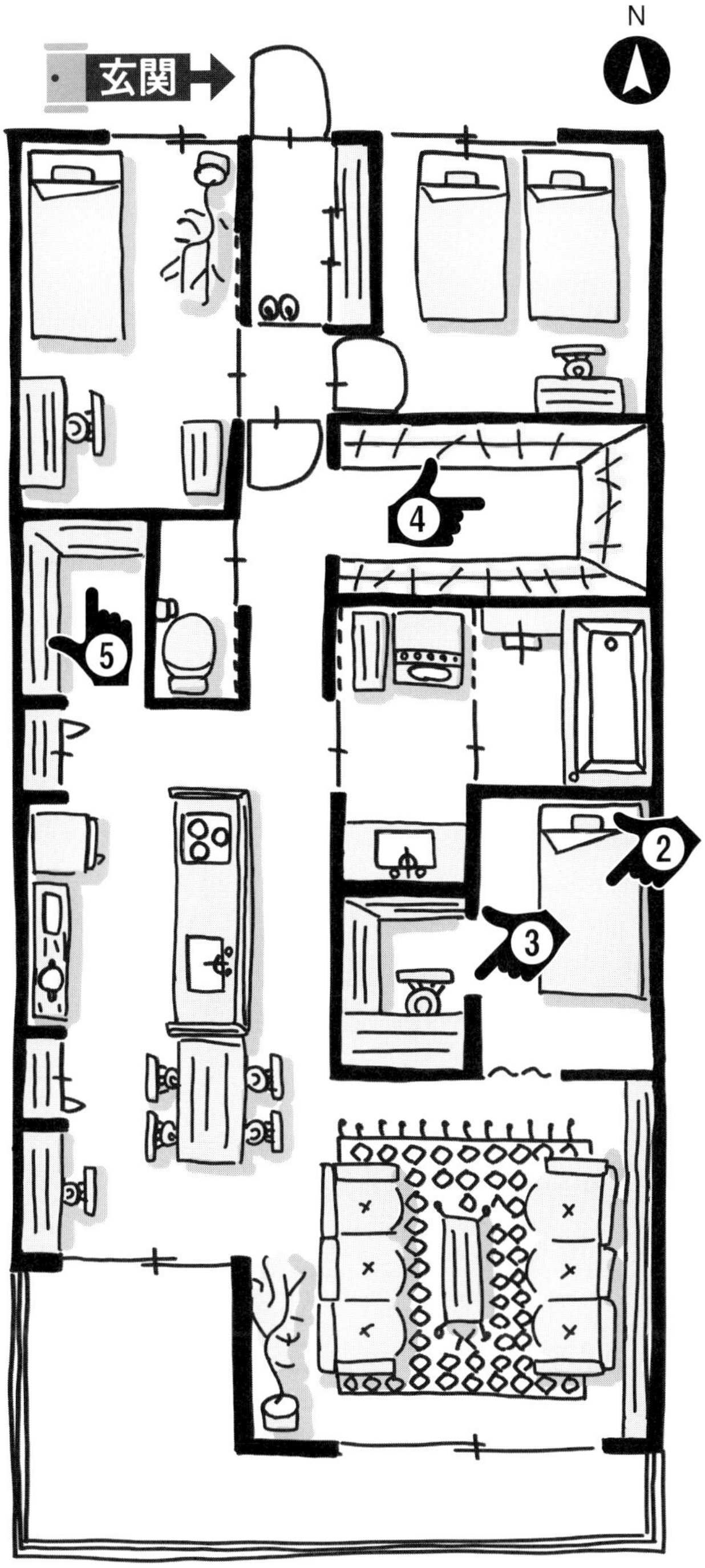

ケース36
とにかく狭い！

テーブルを壁づけしなくてはいけないダイニング。それでも、背後のキッチンとすぐぶつかりそう……この狭さの原因は、個室が多すぎること。解決策は、個室を減らす……ではなく、収納の適材適所化です。

悪い間取り　4つの個室が生活スペースを圧迫

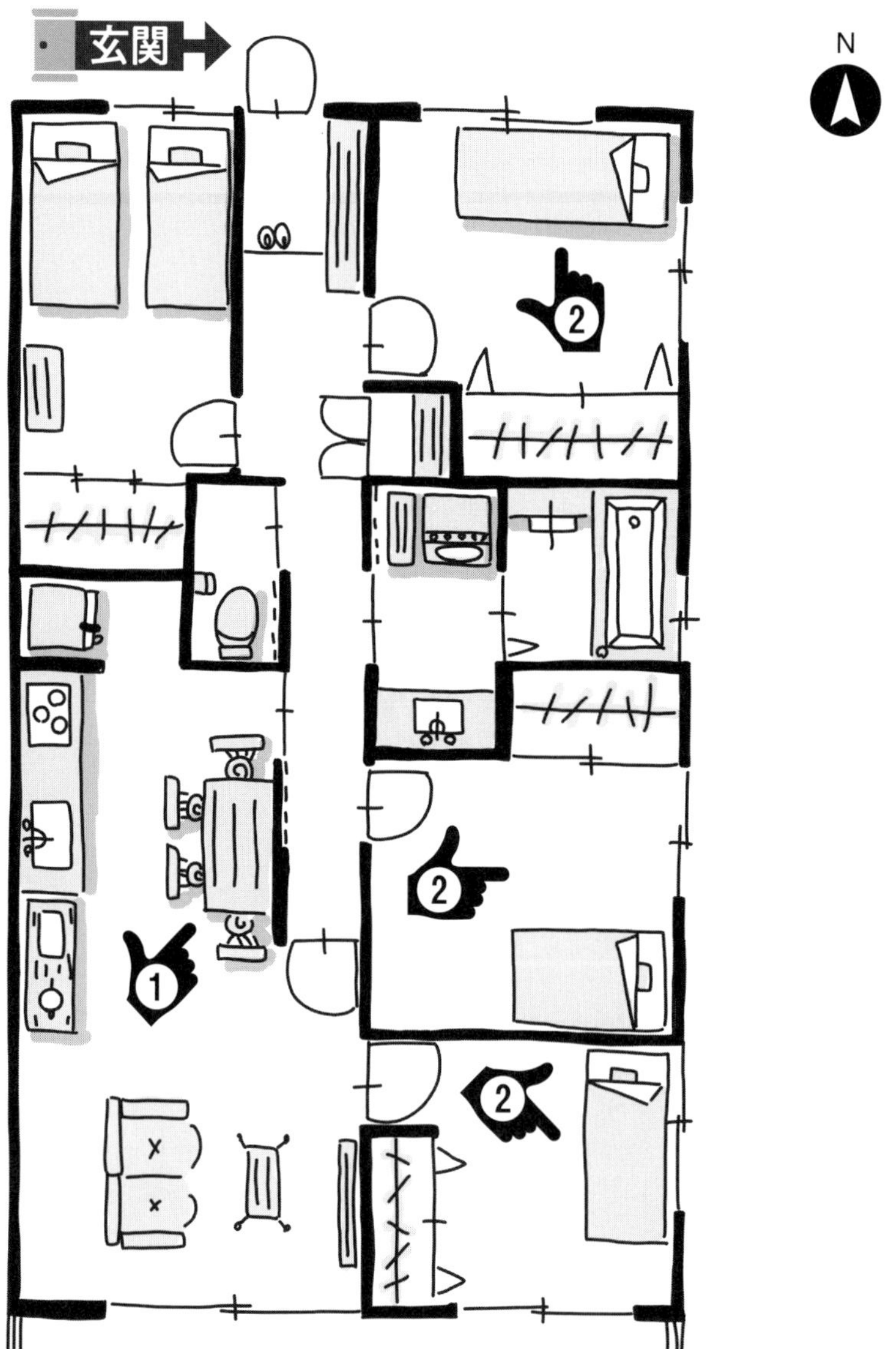

インテリアの楽しみが ぐっと広がる間取りに

ダイニングテーブルの一辺を壁にくっつけた、狭苦しい**ダイニング①**。一方、**寝室②**はやたらと広く、スペースの配分がアンバランスです。

そこで、**寝室③**をコンパクトに。収納は玄関直結の**集合収納④**にまとめました。寝室のあった場所に**リビング⑤**を移し、ダイニングには**6人掛けのテーブル⑥**に加え、仕事や勉強用の**カウンター⑦**も。お子さんやお孫さんの「リビング学習」にもぴったりですね。

これからは、インテリアの楽しみも満喫できます。「狭い場所に置ける家具」を探さなくてよくなった今は、「好き」を基準に選びましょう。9脚の椅子をバラバラのテイストにしても面白そう。自由に柔軟に、暮らしを彩りましょう！

良い間取り　個室をコンパクトにして広々LDKに

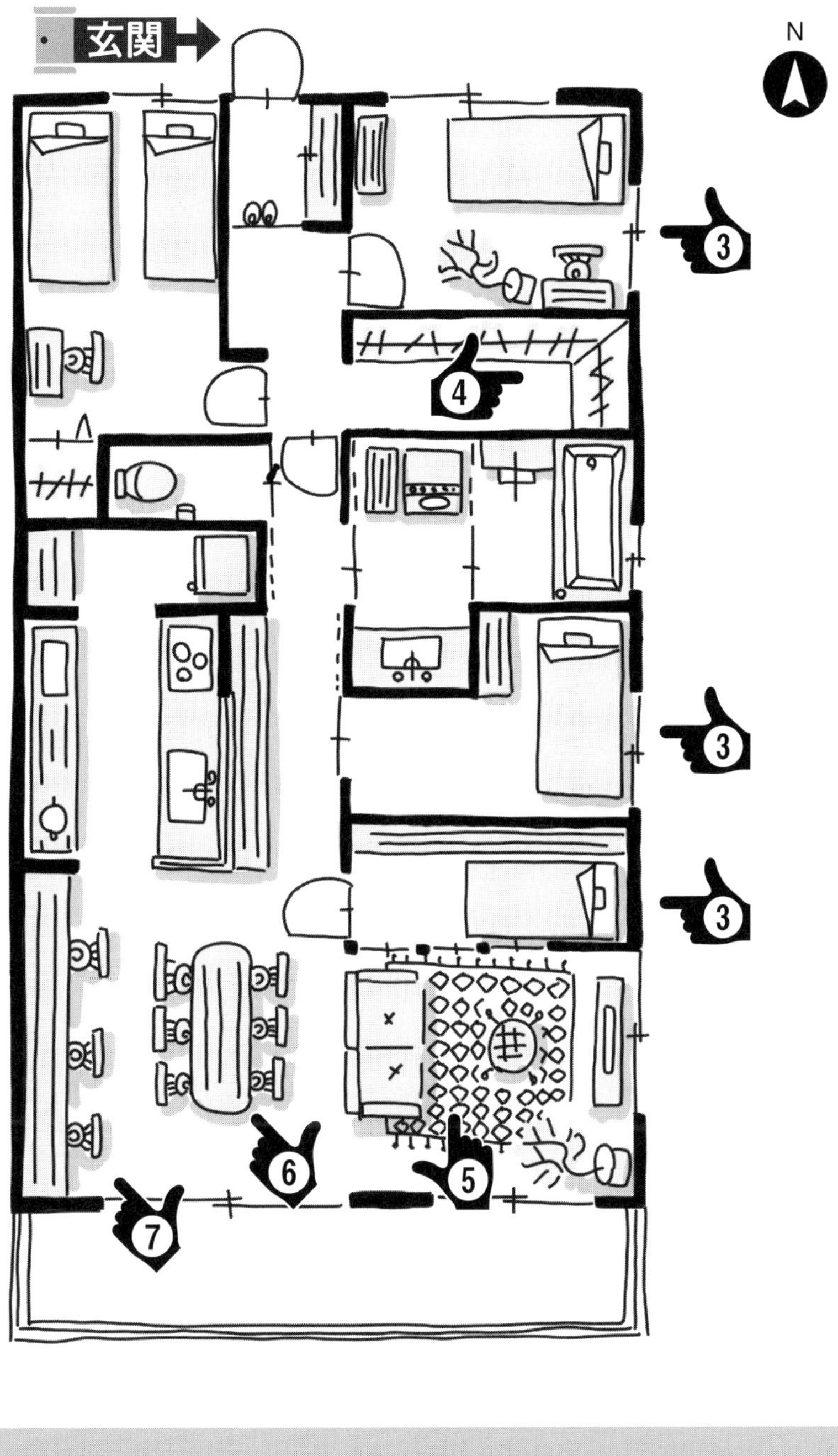

間取りを考えるヒント

家の住み心地には、間取り図ではわからない、いろいろな要素が影響します。ここでは、そんな「隠れ重要ポイント」について解説しましょう。

インテリアの新潮流は「自然」

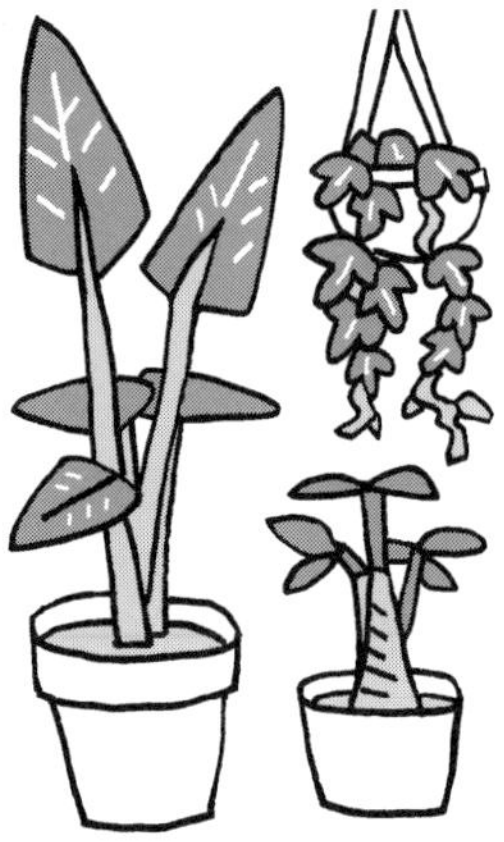

登場した間取りには、**カーブのかかったカウンター**が多く登場しましたね。**曲線的なフォルム**は、きっとこれから人気が出ます。

今、「自然」をモチーフとしたデザインが世界的に注目されているからです。自然界に、直線的なものはめったにありませんね。ベージュやモスグリーンといった**アースカラーの壁紙**や**観葉植物**なども、大きな潮流となると思われます。

地球と、その上で暮らす生物を思い、私たち自身のウェルビーイングを考え……つまりは「**のびのび、生き生き**」できる空間を、みんなが求めているのです。みなさんも興味があればぜひ、**自然を感じられるインテリア**を意識してみてくださいね。

「耐力壁」で耐震強度が上がる

地震や台風、家具や人、そして建物そのものの重さなど、家にはさまざまな力がかかります。それに耐える役割を果たす壁を「**耐力壁**」といいます。

耐力壁はほとんどの場合、木材を斜めに渡す「筋交い」による補強がされています。筋交いは１本のみの場合と、２本入れて「バッテン」にする場合があり、当然、後者のほうが支える力は上。設計者は必ず、その力を「構造計算」しながら家をつくります。

また、耐震性の第一条件は、**四隅に壁があること**。ちなみに「ケース21」の悪い間取りは、木造ならば建築基準法で「違法」とされてしまう家です。みなさんも一度、我が家の図面を引っ張り出して、「怖い家」になっていないか、調べてみることをおすすめします。

暮らしの替えどきに、平屋の検討を

子どもが独立して使わない部屋が出てくる、年齢を重ねて階段がつらくなる……。**50代以降、暮らしは大きく変化していきます。**

モノも少なくなるでしょう。子どものためのモノや、若いころに必要だったモノがいらなくなり、自然と持ち物が絞られてくるからです。

そんな変わり目に検討していただきたいのが「**平屋暮らし**」。１階のみの住まいはコンパクトで居心地良く、安全で、動線もシンプルです。

「でも平屋は天井が高いぶん、寒いイメージが……」と考えた人、その常識は今や過去のもの。近年の断熱材は優秀で、外気をしっかり遮断します。家全体が、ダウンジャケットに包まれているかのよう。エアコン１台で、家じゅうポカポカ暖まります。

空間造作で雰囲気一変！

巻頭のグラビアで「**垂れ壁**」が出てきたのをご記憶でしょうか(→ P.6)。あんなふうに壁が少し下がっていると、居心地の良いカフェのような空間演出ができます。

天井に段差のある写真もありましたね(→ P.4)。光と陰ができると、ただの平面とは違うニュアンスが出ます。

はたまた、色が一部だけ違う壁紙あり、アーチ型の入口あり。それらには、実用的な意味があるわけではありません。でも、ただの白い壁や、ただの四角い入口にはない「かわいい！」「素敵！」が加わりますね。

こうした**特別な空間をつくること**を、住宅デザインの世界では「**空間造作**」と呼びます。それは、暮らしに「ハッピー」を呼び込む仕掛け。みなさんも、ぜひお試しあれ！

間接照明のススメ

電球の色には、蛍光灯のような白い色と、白熱灯のような暖色がありますね。細かいものが見えやすいのは、断然白い光です。でも、リラックスできるのはやはり暖色。ホテルの間接照明のような柔らかな光を、部屋でも楽しめたら最高です。

「でも年齢も年齢だから、見えづらいのは困る」とお考えなら、あきらめるのはまだ早い。間接照明と、手元だけを照らす局部照明を組み合わせれば、その問題は解決します。

また、最近のLEDの中には「調光」ができるものもあります。スイッチをひねれば、**同じ電球が、白色にも暖色にもなる**のです。新聞を読むときは白く、カウンターで一杯やるときにはほんのり暖色で、と使い分けるのもいいですね。

自分だけのリラックスを見つけよう

良い間取りに欠かせないもの、それはリラックス。のんびりもゆったりも、集中も夢中も、ベースにあるのはリラックスです。

リラックスの決め手は、❶**空間造作**、❷**壁紙の色**、❸**照明**の３つ。でも、どんな空間造作、どんな色、どんな照明ならリラックスできるかは、人によって違います。

ですから、自分ならではの「**条件**」を知っておきましょう。お気に入りのカフェや、ホテルの部屋はどんな場所ですか？　もし思い当たらなければ、探しに出かけてみましょう。そして、**「ここ、好き」と感じたら写真をパチリ**。僕はいつも、お客さまからそんな写真を見せていただいてイメージを膨らませます。みなさんの「好き」のモト、今から集めておいてくださいね！

おわりに

暮らしをハッピーにする36のアイデア、いかがでしたか？

この本に出てくる「良い間取り」に、僕は3つの願いを込めました。

1つは、ストレスフリーであること。

従来の決まりきった間取りには、あちこちに「ストレスのモト」が潜んでいます。たとえば部屋が細切れに分かれていたり、あってほしい場所に収納がなかったり。そのような間取りでは、50代、60代……と年齢を重ねていくにつれて家事の負担も強く感じるようになります。

そこで、「良い間取り」では動線をとことん簡略化しました。収納も、片づけも、お掃除も楽チンになるヒントを、ぜひ見つけていただけたらと思います。

2つ目の願いは、リラックスできる場所であること。

読者のみなさんの中には、長年お母さん、もしくはお父さんとして、目まぐるしい日々を送ってきた人も多いでしょう。でも50代になるころには、そろそろ子どもも手を離れて、自分の時間をたっぷりと満喫できるようになります。そんなときこそ、家はのんびり&ゆったりできる場所でなくてはいけません。

1人暮らしでも、夫婦2人の場合も同じです。2人で一緒に楽しめることは楽しみつつ、妻は妻の時間、夫は夫の時間をしっかり持てる。これからの家は、そういう場所になっていってほしい、と僕は思っています。

そして3つ目の願い。何よりも大切なこと。それは「ワクワクできる家」であることです。

ワクワクという感情は「外に出かけることで得られるもの」だと思っている人、多いですよね。「せっかくの休日なのだから、アクティブに外に出かけましょう!」というふうに。

もちろんそれも、とても良いことです。でも、家の中にだってワクワクのモトはつくれます。

なんといっても、家は自分たちが自由にできる空間なのですから、むしろ外よりもたくさん、ワクワク要素があって良いはずではないでしょうか。

50代以上の人は、年齢を重ねてきた今こそ、それを満喫できる大チャンスなのです!

大好きなもの、大好きな雰囲気、大好きな色や香り、大好きな音楽――。とことん「大好き」を極めた場所で、毎日を過ごせたら最高ですよね。

ワクワクする時間は人それぞれ。さまざまな種類があります。家族との時間、友人との時間、1人で何かに没頭する時間。それぞれ違った楽しみ方があるでしょう。

そんな色とりどりの心浮き立つ暮らしを、ぜひ見つけてください。

この本がそのきっかけとなれば、僕も最高にハッピーです。

これから始まるみなさんの新しいライフスタイルを、心から応援しています!

2022年8月　タブチ キヨシ

■ 著者略歴

タブチ キヨシ

株式会社 house stage と株式会社タブチキヨシ住宅デザイン事務所の代表取締役。誰もがハッピーになれる家づくりを夢見る住宅デザイナー。住宅や家具のデザインのほか、工務店のプロデュース、間取りカフェ「DAWARY」の経営など多彩に活動。著書に、『早く家に帰りたくなる！最高にハッピーな間取り』『ズボラでも暮らしやすい！収納上手な間取り』（いずれも KADOKAWA）がある。

【公式サイト】https://house-stage.jp/
【Instagram】https://www.instagram.com/kiyoshi.tabuchi/

■装幀　村田 隆（bluestone）
■本文イラスト　いぢち ひろゆき
■本文デザイン　西野真理子、梅林なつみ（株式会社ワード）
■編集協力　林 加愛、株式会社ワード

50代からの「良い間取り」「悪い間取り」

2022 年 9 月 29 日　第 1 版第 1 刷発行

著　者　タブチ キヨシ
発行者　村上雅基
発行所　株式会社PHP研究所
京都本部　〒601-8411 京都市南区西九条北ノ内町 11
[内容のお問い合わせは] 教育出版部　☎075-681-8732
[購入のお問い合わせは] 普及グループ　☎075-681-8818
印刷所　図書印刷株式会社

ISBN978-4-569-85333-8